КАК СТАТЬ УСПЕШНЫМ
НОВЫЕ РУССКИЕ

А.В. Голубева

НОВАЯ РУССКАЯ КУХНЯ

Санкт-Петербург
«Златоуст»

2021

УДК 811.161.1

Голубева, А.В.
Новая русская кухня / Анна Голубева. — Санкт-Петербуг : Златоуст, 2021. — 84 с. — (Как стать успешным и счастливым: новые русские истории). — Текст : непосредственный.

Golubeva, A.V.
New Russian Cuisine / Anna Golubeva. — St. Petersburg : Zlatoust, 2021. — 84 p. — (How to become successful and happy: new Russian stories). — Text : unmediated.

ISBN 978-5-907493-30-8

Гл. редактор: к. ф. н. А.В. Голубева
Редактор: А.В. Гурина
Корректор: О.М. Федотова
Оригинал-макет: Е.А. Рыкова
Обложка: А.В. Гурина, Canva.com

Серия разработана для изучающих русский язык как второй / иностранный на уровнях А2 и В1. Её героями стали представители самых разных профессий, живущие в России XXI века. Серия предназначена для экстенсивного ознакомительного домашнего чтения. Каждый выпуск посвящён одной из профессиональных сфер и содержит адаптированные тексты на документальной основе с иллюстрациями, страноведческими комментариями и вопросами на понимание общего содержания.

© Голубева А.В. (текст), 2021
© ООО Центр «Златоуст» (редакционно-издательское оформление, издание, лицензионные права), 2021

Подготовка оригинал-макета: издательство «Златоуст».
Подписано в печать 15.09.21. Формат 60×90/16. Печ. л. 5,25. Печать офсетная.
Тираж 1000 экз. Заказ № 21090830.
Код продукции: ОК 005-93-953005.
Санитарно-эпидемиологическое заключение на продукцию издательства Государственной СЭС РФ № 78.01.07.953.П.011312.06.10 от 30.06.2010 г.
Издательство «Златоуст»: 197101, Санкт-Петербург, Каменноостровский пр., д. 24в, пом. 1-Н. Тел.: (+7-812) 346-06-68, 703-11-78; e-mail: sales@zlat.spb.ru; http://www.zlat.spb.ru. Интернет-магазин издательства: www.zlatoust.store
Отпечатано в ООО «Типография Лесник».
197183, Санкт-Петербург, ул. Сабировская, д. 37. Тел.: +7 (812) 649-73-09.

Кто же не хочет стать успешным и счастливым? Хотят многие, а вот удаётся это не всем. Книжки с советами о том, как стать успешным и счастливым, выходят огромными тиражами, их читают миллионы людей.

В нашей серии книжек не будет советов, не будет готовых ответов, а будут истории, которые рассказали о себе самые разные люди. Мы собрали рассказы и интервью о людях, рядом с которыми мы живём и которые нам самим очень нравятся.

Вы прочитаете истории о наших современниках, которые сегодня успешно живут и работают в России. Среди наших героев будут музыканты и блогеры, инженеры и учёные, художники и предприниматели, спортсмены и модельеры, шеф-повара и просто родители. Вы познакомитесь с совсем молодыми людьми и уже зрелыми, очень известными и не очень. Каждый из героев выбрал в этой жизни свой неповторимый путь, каждый решал на этом пути свои проблемы и у каждого получилась своя счастливая история.

Мы хотели бы, чтобы наши истории помогли вам самим решить, как стать успешным и счастливым именно вам. И, конечно, мы надеемся, что наши книжки помогут вам лучше говорить по-русски и понимать русских.

Желаем вам успеха!

Авторы

КТО ТАКОЙ ШЕФ-ПОВАР?

Шеф-повар – это ответственная и интересная работа, но сегодня это не самая популярная профессия у молодых людей. Кто такой шеф-повар?

Шеф-повар – это главный повар на любой кухне. Шеф-повар – это человек, который контролирует все процессы на кухне. Он придумывает и готовит меню, заказывает продукты, контролирует работу других поваров. Теоретически шефом может работать и мужчина, и женщина.

Какие плюсы есть в этой профессии?

Можно рано начать карьеру – уже в 18 лет. А **лет в 35** уже стать начальником – шеф-поваром.

Получить профессию можно быстро. Юристы и врачи учатся очень долго, а стать поваром можно за несколько месяцев, просто из ученика на кухне. Но чтобы стать настоящим мастером, нужно учиться всю жизнь.

Работа повара – творческая и интересная. Здесь можно экспериментировать и открывать новое.

Шеф-повар – это начальник. А кто не хочет быть начальником?

Это всегда нужная людям профессия. Когда у известного шеф-повара и ведущего кулинарного телешоу «На ножах!» Константина Ивлева спросили, почему он выбрал профессию повара, тот ответил: «Мне ещё отец всегда говорил: люди всегда будут хотеть вкусно поесть, поэтому иди, сынок, в повара: без работы не останешься». С этим трудно поспорить. А ещё многие из поваров стали известными медийными личностями; они снимаются в популярных передачах, ведут видеоблоги и зарабатывают хорошие деньги.

Но есть и неприятные моменты в работе шефа.

Это трудные условия работы. Нужно весь день быть на ногах. На кухне может быть очень жарко, бывает плохая вентиляция, легко получить травму.

Очень высокая конкуренция и не очень высокая зарплата.

Можно получить профессиональную болезнь: астму, аллергию, ревматизм.

Работа начальника – это всегда стресс, потому что он отвечает за всё. Трудные коллеги, капризные клиенты, экономические проблемы – это только некоторые факторы стресса.

Стоит ли идти в повара?

Комментарии:

• **лет в 35** = примерно в 35 лет

• **телешоу «На ножах!»** — кулинарное шоу на российском телеканале «Пятница», в котором опытный шеф-повар ездит по регионам России, знакомится с местными ресторанами и даёт советы, как сделать их более успешными.

Вопросы:

1. Кто такой шеф-повар? Как эта профессия называется коротко?
2. Что делает шеф-повар?
3. Ранний старт карьеры – это плюс или минус в работе?
4. Почему шеф-повар – это нужная профессия?
5. Почему шеф-повар – не самая популярная сегодня профессия?
6. Вы хотите стать начальником?

КОГДА ПОЯВИЛАСЬ СОВРЕМЕННАЯ РУССКАЯ КУХНЯ?

До 1991 года в России была кухня советская. В советских кулинарных книгах были блюда народов всех **15 союзных республик**. В 1990-е годы Россия неожиданно осталась на кухне одна. Когда в 1991 году на месте **Советского Союза** вдруг появилось 15 независимых стран, встал вопрос: что у нас, в России, в кулинарии своё, а что нет? Что **русское**? Что советское? А что **российское**? Вареники или пельмени, например? Щи или борщ? Шашлык или блины? Винегрет, бефстроганов или салат оливье? Новая русская кухня рождалась вместе с самоидентификацией России и всего российского. Первые успешные рестораны 1990-х годов – патриархальные, традиционные и очень-очень дорогие: «Царская охота», «Дворянское гнездо»... В это время «новой русской кухней» была просто старая русская, а не советская кухня. Рестораторы говорили, что они готовят не так, как в СССР, а по-старому, **дореволюционному**. Это значило по-новому!

Но в это же время в России появляются и первые шефы-иностранцы, а современные зарубежные кулинарные книги начинают переводить на русский язык. Медленно, но растёт заработная плата шеф-поваров, поэтому эта профессия понемногу становится престижной. К середине 2000-х выросло поколение русских поваров, которые в 1990-е пришли учиться на кухню к иностранцам. У них уже была другая, несоветская, школа, другой опыт. Они понимали: чтобы быть успешными, надо ехать за границу и учиться в самых **крутых** иностранных ресторанах, и они делали это — часто **за свой счёт**. А потом они стали самостоятельными шефами и открыли свои рестораны. Сейчас лицо современной русской кухни определяют два поколения — это и следующее за ним, те шефы, кто сформировался уже в 2000-е.

Как эти люди стали успешными? Об этом наши истории.

Комментарии:

• **Советский Союз** — Союз Советских Социалистических Республик, сокращённо СССР, государство в Евразии, которое существовало с 1922 года по 1991 год. В СССР к 1991 году жили 294 млн человек, он занимал 2-е место в мире по уровню промышленного производства и 7-е место в мире по уровню национального дохода. СССР образовался на территории, которую в 1917 году занимала Российская империя, но после 1917 года уже без Финляндии, части Польши и некоторых других земель. Государство появилось в результате Октябрьской революции 1917 года и последующей Гражданской войны.

• **15 союзных республик**: в состав СССР входили 15 республик, которые сейчас являются независимыми государствами: Россия, Украина, Белоруссия, Казахстан, Киргизия, Таджикистан, Узбекистан, Туркмения, Молдавия, Эстония, Латвия, Литва, Грузия, Армения, Азербайджан.

• **русский** — характерный для русского народа (одного из восточнославянских народов): язык, песня, народный костюм, сказка

• **российский** — характерный для всех жителей России — независимо от национальности и места жительства (гимн, флаг, граница, столица)

• **дореволюционный** = тот, который был до Октябрьской революции 1917 года, когда был царь

• **крутой** — (разг.) самый-самый (сильный, лучший, успешный и др.)

• **за (свой) счёт** — за свои деньги, не за деньги компании, каких-то фондов, других людей; ср. обедать за мой счёт, они живут за твой счёт

Вопросы:

1. Почему в 1990-е годы Россия осталась на кухне одна?
2. Какую кухню называли новой русской кухней в 1990-е годы?
3. Когда в России появились первые иностранные шеф-повара?
4. Почему профессия шеф-повара становится престижной?
5. Когда появилось первое поколение русских шеф-поваров?
6. Где и как они учились?

ИЛЬЯ ЛАЗЕРСОН

Яркий и прямолинейный, харизматичный и остроумный – так говорят об Илье Лазерсоне все, кто его знает. Илья Лазерсон – один из ведущих кулинарных экспертов России, президент Гильдии поваров в Санкт-Петербурге. А как много людей в России готовят еду по его рецептам! Самый известный шеф-повар Санкт-Петербурга называет себя врагом долголетия, потому что он – нормальный повар, для которого важнее приготовить вкусно, чем полезно. Он говорит, что здоровая еда – это разнообразная и сбалансированная, потому что именно такая еда необходима каждому человеку для нормальной психической и физиологической жизни. Так он и учит готовить своих многочисленных поклонников: «От еды нужно получать удовольствие – это не бензин, которым заправляют автомобили».

Будущий шеф-повар Илья Лазерсон родился 8 марта 1964 года **в Ровно, на Западной Украине**. Обычная советская семья, папа – инженер, мама – учитель математики. Элитная **английская школа**, и вдруг… кулинарный техникум, армия, институт.

Новая русская кухня • 11

В 1990-е годы Илья Лазерсон — шеф-повар в ресторане лучшего отеля Санкт-Петербурга «Европа», потом стажируется в США, Франции, Великобритании, Таиланде. А сегодня — он один из самых известных авторов и ведущих кулинарных теле- и радиопрограмм. «КГБ, или Как готовили бабушки», «Обед безбрачия», «ФСБ, или Фирменные секреты бабушек», «КПЗ, или Кухня по заявкам», «Братья по сахару» — так необычноназываются его шоу, число поклонников которых растёт деньото дня. В 2008 году Илья организовал в Санкт-Петербурге свою кулинарную студию. Её филиалы работают в столице и Сочи.

Комментарии:

• **в Ровно на Западной Украине** — в 1964 году Украина ещё была в составе СССР

• **английская школа** — в СССР школа с преподаванием ряда предметов на английском языке, в которой язык начинали изучать со 2-го класса (в обычных школах изучали с 5-го)

• **КГБ** — игра слов с аббревиатурами (сокращением по первым буквам названия): в СССР КГБ = *Комитет государственной безопасности*

• **КПЗ** — игра слов с аббревиатурами: в полиции *камера предварительного заключения*

• **ФСБ** — Федеральная служба безопасности (в СССР внешняя разведка)

• **Братья по сахару** — диабетики, игра слов с популярным названием жителей других планет: *братья по разуму*

• **Обед безбрачия** – игра слов с сочетанием *обет безбрачия*, обещание не жениться, не вступать в брак, которое дают мужчины-монахи = обед для тех мужчин, кто не в браке, не женат

Вопросы:

1. Кто такой Илья Лазерсон?
2. Какой у него характер? Почему можно сказать, что он остроумный человек? Докажите.
3. Почему Лазерсон – враг долголетия?
4. Какая еда для Лазерсона здоровая? Вы согласны, что от еды нужно получать удовольствие?
5. В какой семье родился Илья?
6. Какое у него образование, где он учился? Где начал карьеру шефа?
7. Есть ли у него кулинарная студия в Москве?
8. Чем он занимается, когда не работает на кухне?

РАЗВЕД ОПРОС

Дмитрий Пучков и Илья Лазерсон

О РАБОТЕ ПОВАРОМ, СОВЕТСКОЙ И РОССИЙСКОЙ КУХНЯХ И ИСТОРИИ КУЛИНАРИИ

Из интервью Дмитрию Пучкову

Д.П.: А как так получилось, что ты стал готовить? С детства прямо или как?

Илья Лазерсон: С детства, да.

Д.П.: То есть не было такого, что учился на режиссёра, а потом бросил и...

Илья Лазерсон: Нет-нет, это было сознательно. Я, кстати, вот когда, бывает, беседую с незнакомыми мне коллегами и спрашиваю: «Ты как стал поваром?», многие отвечают: «От бабушки». Я вот так же через этот путь прошёл, когда наблюдал за бабушкой, которая готовила. Знаете, я вам скажу, что мамы готовить не умеют до тех пор, пока они не станут бабушками. И так это перешло в увлечение, и история сохранила моё сочинение, которое я писал в 6 классе, где я написал, что хочу быть поваром... Я, еврейский мальчик, я учился на «отлично», закончил 8 классов на «отлично» в английской школе, я и техникум закончил с красным дипломом, и институт — это я к тому, что в школе был шок, потому что еврейский мальчик, который должен был получить золотую медаль, вдруг решил быть поваром, а не переводчиком и не дипломатом. Когда я написал об этом

14 • Как стать успешным и счастливым: новые русские истории

в сочинении в 6-м классе, маму вызвали в школу сразу...

Д.П.: И как же ты помогал бабушке на кухне?

Илья Лазерсон: Веришь – не помню! Дело в том, что я не знал, что буду хорошим поваром. Если бы я знал, что буду хорошим поваром, я бы чётко всё записывал и фиксировал. У меня иногда спрашивают: «А какое ты первое блюдо приготовил?» Да не помню я, какое! Знал бы, что буду нормальным поваром, я бы записал, конечно, я бы себе биографа пригласил уже в третьем классе. Я всегда что-то готовил, я сколько себя помню, столько готовил. Я даже помню, что в детстве, когда ещё ты не понимаешь, что тебе интересно, но уже смотришь какие-то книжки – я смотрел кулинарные книги.

Д.П.: Они же скучные, нет?

Илья Лазерсон: Мне картинки нравились.

Комментарии:

• **красный диплом** – диплом с отличием, в котором только отличные оценки

Вопросы:

1. Когда Илья начал готовить?
2. Как он стал поваром?
3. Почему выбор профессии, который сделал Илья, стал для его друзей и родных неожиданным?
4. Какие книжки Илья любил в детстве?
5. Почему он не смог ответить на вопрос, как помогал бабушке на кухне?

Новая русская кухня

Д.П.: Понятно, да. А у кого лучше получается готовить — у мужчин или у женщин?

Илья Лазерсон: Есть такое популярное мнение, что лучшие повара — мужчины. Действительно, если посмотреть на процент женщин шеф-поваров в профессиональной сфере, их мало, но не потому, что **бабы – дуры**, а потому что это просто очень тяжёлая профессия, эмоциональная и психофизическая нагрузка очень большая, потому что это и на ногах 14 часов, это и резкая смена температуры, потому что сейчас ты стоишь у плиты, а потом ты идёшь в холодильник, это и всегда большая ответственность за тех, кого ты кормишь, и поэтому женщинам просто тяжелее выдержать эту колоссальную нагрузку, и поэтому их меньше. Но я хорошо знаю, что вкусовые рецепторы лучше развиты у женщин, чем у мужчин, женщины лучше чувствуют вкусы. А это общее мнение, оно идёт вот откуда: в семье обычно готовит женщина, потому что так было исторически — мужчина пошёл за мамонтом, он принёс мамонта, он устал, а женщина уже этого мамонта начинает жарить, варить, тушить и делать из него пирожки. И сейчас в современном мире по традиции эта нагрузка на женщину ложится, и женщина готовит всегда, когда надо, она кормит семью, а мужчина готовит в семье, когда хочет. Вот есть разница: женщина — когда надо, а мужчина — когда хочет. Сегодня у него есть настроение – он пошёл на рынок, купил мяса и решил сделать плов, котлеты, что-то ещё. И он действительно с удовольствием это делает, потому что ему это интересно, и со стороны кажется, что мужчина готовит с бо́льшим удовольствием, а значит, вкуснее.

Д.П.: А поваром быть тяжело.

Илья Лазерсон: Поваром быть тяжело. Вот смотрите: какие профессии самые циничные? Я имею в виду: представители каких профессий – самые циничные люди? Это врачи, это повара, это воспитатели детских садов – внешне самые ужасные люди. Я это очень просто объясняю: потому что все эти люди – и врачи, и повара, и воспитатели – они по профессии носят белую одежду. Так вот, эта внешняя чистота твоя должна компенсироваться чем-то грязным, потому что нельзя быть чистым всегда и во всём, это противоречит природе человека. И поэтому, да, я могу быть грубым на работе, циничным на телепередаче, потому что это просто компенсация, – но это всё без внутреннего зла.

Комментарии:

• **бабы – дуры** – популярная у мужчин фраза, чтобы показать своё превосходство над женщинами (грубое!)

Вопросы:

1. Почему среди профессиональных поваров мало женщин?
2. О каких трудностях в работе шеф-повара говорит Лазерсон?
3. Когда обычно готовят женщины, а когда – мужчины?
4. Почему есть миф, что мужчины готовят лучше, чем женщины?
5. Почему люди в белой одежде часто циничные?
6. Можно ли сказать, что врачи, повара и воспитатели детских садов – обычно злые люди?

Новая русская кухня

Д.П.: А правильно ли повару ехать учиться к французам или можно научиться у нас?

Илья Лазерсон: Наверное, можно научиться у нас, просто, может быть, придётся в разных местах учиться чему-то конкретному. Во Франции можно попытаться научиться в одном месте. Это правильно, потому что это классика. Весь этот бизнес придумали во Франции — продавать готовую еду за деньги, чтобы её тут же съесть, не дома. Они просто раньше это придумали, они дольше этим занимаются, у них больше опыта. И вот эти принципы приготовления коммерческой еды, которую продают здесь же и едят здесь, — придумали французы, они просто дольше этим занимаются, поэтому их надо слушать. Сегодня есть много других стилистик, но для того, чтобы ты творил, — если ты считаешь себя художником, а повар — это художник, это понимают все, — ты должен знать классику. До того, как ты имеешь право творить и фантазировать, надо знать основы. А французы пропагандируют эти основы и владеют ими, так, конечно, надо учиться у них. Ну если есть у тебя средства, поезжай туда, если нет, можно попытаться найти эти основы из разных источников в нашей стране.

Д.П.: Например, почитать книжки какой-нибудь Джулии Чайлд?

Илья Лазерсон: Это хорошая книга, несомненно, у меня она есть даже в нескольких изданиях, и на английском языке, и на русском в переводе. Это, несомненно, полезная книга, потому что действительно её еда базируется на французской классике. Но всё равно эта книга для любителей, это то, что называется адаптация классики. Ведь ресторанные технологии другие, там есть вещи, которые человек обычный просто не поймёт, или ему надо будет слишком долго думать, чтобы понять, почему это так. Есть вещи, которые дома нерационально делать, когда нет масштаба, когда у тебя нет большой кухни и нет большого количества гостей, поэтому всё-таки классику надо изучать не по книгам для любителей, а всё-таки надо изучать в атмосфере действующего, хорошего, абсолютно традиционного, не ультрамодного французского ресторана. Не там, где тарелка красивее, чем сама еда. И там специалисту надо провести недели две, чтобы понять, как это работает. А потом уже иди и делай что хочешь.

Комментарии:

- **Джулия Чайлд** — одна из самых известных поварих чёрно-белой эры телевидения и большей части 20-го века. Её основной кулинарный стиль — французская кухня, и одно из её величайших достижений — это знакомство с французской кухней жителей Соединённых Штатов, которые даже после Второй мировой войны жили в гастрономической изоляции от мира. Американские СМИ ставили Чайлд в один ряд с такими известными и любимыми женщинами, как Элеонора Рузвельт. Длительная и триумфальная кулинарная карьера Чайлд принесла ей капитал в 38 миллионов долларов, она и сейчас остаётся в топ-10 самых богатых шеф-поваров в истории.

Новая русская кухня • 19

Вопросы:

1. Почему повару-профессионалу правильнее учиться во Франции, а не дома?

2. Почему французская кухня — это классика?

3. Почему для того, чтобы творить, нужно знать классику? Вы согласны с этим?

4. Для кого писала свои книги Джулия Чайлд?

5. Почему Лазерсон считает, что по книгам Джулии Чайлд нельзя стать хорошим шеф-поваром?

6. Почему некоторые вещи дома на кухне нерационально делать?

7. Почему шефу полезно учиться не в ультрамодном, а в традиционном ресторане?

Д.П.: А куда у нас мужчине в возрасте пойти, чтобы его быстро и качественно научили готовить?

Илья Лазерсон: Да ко мне, только ко мне, потому что только я могу помочь мужчине в возрасте, найти для него правильные слова, чтобы ему показать что-то ассоциативно. Я с женщиной в возрасте буду говорить на одном языке, с женщиной молодой буду говорить на другом языке, потому что я знаю, как человеку объяснить так, чтобы он уже никогда этого не забыл, а если он и забудет, чтобы он имел механизм в голове, как к этому быстро прийти и восстановить. Это только я умею делать. Это не реклама, вы понимаете, почему я так говорю – потому что в нашей профессии иначе нельзя себя вести. Если ты повар, ты должен считать себя самым лучшим поваром на этой земле...

Д.П.: А если ты не хочешь **быть самым лучшим...**

Илья Лазерсон: ... из тебя **не будет толка**. Но я сейчас сказал, что я не лучший повар, а лучший учитель, потому что для того, чтобы быть лучшим учителем, совершенно не обязательно быть лучшим поваром. Вот, например, тренер... он никогда не был рекордсменом мира, а воспитал чемпионов всяких там, в фигурном катании, да неважно где. Поэтому я самый лучший тренер, я не самый лучший повар.

Д.П.: Ну что же. Спасибо! Заходите к нам ещё.

Илья Лазерсон: Спасибо.

Д.П.: На сегодня всё. До новых встреч.

Комментарии:

• **не будет толка из кого** – ничего хорошего не получится, не выйдет (из человека, ситуации)

Вопросы:

1. Почему Лазерсон считает себя самым лучшим учителем?

2. Почему повар должен всем говорить, что он самый лучший повар на свете?

3. Почему лучший учитель – это не обязательно лучший повар?

4. Почему Илья Лазерсон ведёт так много кулинарных передач?

5. Как стать самым лучшим? Вы согласны с рецептом успеха Ильи Лазерсона?

КОНСТАНТИН ИВЛЕВ

Биография Константина Ивлева — это прекрасный пример для тех, кто хочет своими руками построить отличную карьеру **с нуля**. Он начал работать простым поваром в обычной институтской столовой, а уже через несколько лет стал модным шеф-поваром. Ивлев успешно работал в самых известных московских ресторанах, стал ведущим нескольких популярных телевизионных кулинарных шоу и автором многих книг о кулинарии. Он первым начал говорить о «новой русской кухне». Сегодня он — известное медийное лицо. Хотите узнать, как это у него получилось? Вот что Константин Ивлев рассказывает журналистам.

— **Константин, вы сломали шаблон, смогли вывести профессию шеф-повара из кухни в зал, сделали его личность публичной и интересной.**

— Да, я популяризирую профессию. Я родился в СССР и хорошо помню советские времена, когда очень известные повара учили меня не самой качественной работе. Потом, когда я сам стал поваром и понял, что буду заниматься этим всю жизнь, то решил изменить это направление. Вместе с другими шефами мы меняли отношение к нам, мы потратили 15 лет, чтобы нас уважали и мы стали в глазах людей рок-звёздами. Я никогда не забывал общаться с людьми, с гостями ресторанов, где работал, потому что знаю массу хороших шефов, которые умеют **офигенно** готовить, но их никто не знает, как певцов, творцов, потому что они не могут или не хотят **себя** правильно **подать**. Сегодня в целом наша профессия стала популярной, и мы этим гордимся.

— А какие варианты профессии, кроме повара, у вас еще были? Может, была мечта?

— Я мечтал быть **дальнобойщиком** – мне нравилось путешествовать. Но, как я уже сказал, я родился в СССР, мы ходили учиться туда, где друзей больше. Я не очень хорошо учился и не мог поступить в институт, поэтому **с горем пополам** закончил 8 классов и пошёл в профессиональное училище. У нас в районе было три училища – медицинское, автослесарное и поварское. Медицину я боюсь, от автослесарей всегда запах бензина-керосина и у них чёрные ногти, а повара всегда пьяные, но сытые. И папа мне говорил тоже: «Если ты любишь есть, иди в повара, при любой власти люди хотят есть. И если у тебя будет **голова на плечах**, без куска хлеба не останешься». Мне понравилось!

— Как считаете, ваша мама готовит лучше, чем вы?

— Конечно! У меня самая любимая кухня – мамина. Она **шикарно** готовит.

— А каким её блюдам вы так и не научились?

— Лечо, солёные огурцы, грибы я не до конца умею делать, как она. Но готовить картофельное пюре, блины, перцы фаршированные, рыбу под маринадом я научился. Она простая русская женщина и всегда готовила очень много, потому что у нас большая семья и много друзей – у отца, у меня, у брата. А я просто смотрел. И даже теперь, когда стал профессиональным поваром, звоню ей иногда и спрашиваю совета.

Комментарии:

- **начать с нуля** – начать с самого начала
- **сломать шаблон** – изменить стереотип, мнение, представление о чём-то
- **офигенно** (разг.) – очень хорошо, замечательно, прекрасно
- **подать себя** – показать свои лучшие стороны

- **дальнобойщик** – водитель автомобиля, который возит грузы на далёкие расстояния
- **с горем пополам** – с большим трудом
- **есть голова на плечах у кого** – о человеке, который умеет думать, рассуждать
- **шикарно** (разг.) – очень хорошо, замечательно, прекрасно, от франц. chic

Вопросы:

1. Кто такой Константин Ивлев?
2. Почему его биография – хороший пример успеха?
3. Какой шаблон профессии повара сломал Ивлев?
4. Что значит «стать рок-звёздами»?
5. Что начал делать Ивлев и чего не делали русские повара до него?
6. Вы умеете себя подать?
7. Как Ивлев закончил школу?
8. Почему он поступил в кулинарное училище?
9. Почему папа Константина сказал, что повар без куска хлеба не останется?
10. Кем была мама Ивлева? Как она готовит и почему?
11. Какие блюда Константин научился у неё делать, а какие – нет? Вы пробовали эти блюда?
12. В речи Константина много фразеологизмов (словосочетаний, значение которых не равно сумме значений слов, которые в него входят) и разговорных слов. Что это говорит о его характере?

После училища Константин ушёл в армию. Профессиональный рост Ивлева после армии был быстрым. Его головокружительная карьера началась с 1993 года в дорогих и престижных ресторанах в центре Москвы, в развлекательных комплексах на **Рублёвке**. Но настоящей жизненной и кулинарной школой Константин Ивлев считает легендарный **ресторан «Ностальжи»**, где он несколько лет был сначала **су-шефом**, а потом, в 1999 году, впервые стал шефом.

— В одном из интервью вы сказали, что очень благодарны одному из своих учителей, знаменитому французскому шеф-повару Патрику Пажесу. За что?

— Это был 1996-й год. Я работал су-шефом московского **ресторана «Ностальжи»**, и туда пригласили работать **Патрика Пажеса**. Первый урок, который я от него получил, — как правильно составлять цветовую гамму на тарелке, сколько цветов можно использовать, чтобы блюдо выглядело не безвкусно, а элегантно, чтобы каждый цвет выходил вперёд и украшал блюдо.

— Вот это да!

— Поэтому кулинария и считается искусством! Мы проработали вместе около трёх-четырёх лет. Он был одним из моих первых учителей-иностранцев, кому я был безумно благодарен.

— Как считаете, что делает просто повара великим поваром — трудолюбие или всё-таки талант?

— Однажды великого французского повара **Алена Дюкасса** спросили, в чём секрет его успеха. Он сказал: «95 процентов — трудолюбие и 5 процентов — это **божий дар**». На самом деле кулинарии можно научиться. Вот я никогда не хотел быть поваром и совершенно не умел готовить. Но когда начал этим заниматься, мне стало интересно. Я начал вкладывать в себя деньги, ездить по миру и учиться у великих мастеров. И вот научился.

— Если раньше шеф-поварами были люди с огромным опытом, то сейчас мы видим у руля на кухне молодёжь. Шеф-повар больше не должен быть учителем?

— Сейчас в Москве и в России в целом средний возраст шеф-повара — 21 год. Никто не хочет учиться, все хотят сделать татуировки, отрастить бороды, закатать рукава и быть шефом, не понимая, что это большой, **титанический** труд. Это катастрофа и трагедия. И поэтому я очень часто говорю молодым: подняться легко, удержаться сложнее. Они думают, что их недооценивают. Как тебя могут в 21 год недооценить? Как и чему ты можешь учить людей? Шеф обязан что-то давать своей команде, у него должен быть жизненный и профессиональный багаж. Пока всё очень печально и грустно.

Комментарии:

• **Рублёвка** – Рублёвское шоссе, неофициальное название района недалеко от Москвы, где раньше находились дачи советских руководителей, а с 1990-х годов – очень дорогие и престижные дома, здесь самая дорогая земля в России. Одни говорят, что жить на Рублёвке – это символ успеха, а другие – символ плохого вкуса.

• **ресторан «Ностальжи»** работал в Москве с 1994 года почти 25 лет. Первый столичный ресторан, где гостям подавались только блюда высокой кухни и звучал живой джаз. Стал культовым рестораном 90-х годов.

• **су-шеф** – первый помощник шеф-повара

• **Патрик Пажес** – французский шеф-повар, сомелье, владелец отеля и ресторана, у которого есть звезда Мишлен.

• **Ален Дюкасс** – первый в мире шеф-повар, у которого есть рестораны с тремя мишленовскими звёздами в трёх городах. Ален Дюкасс также является одним из двух шеф-поваров, у которых за всю карьеру была 21 звезда Мишлен. Французский шеф-повар пожизненно включён в список 50 лучших рестораторов мира.

• **(быть, стоять) у руля** – быть руководителем

Вопросы:

1. Где Ивлев начал свою карьеру?
2. Кто стал его настоящим учителем в кулинарии? Чему он у него научился?
3. Почему кулинария – это искусство? Вы согласны с этим?
4. В чём секрет успеха шеф-повара, по мнению Дюкасса?
5. Кто сегодня стоит у руля московских ресторанов? Вы согласны, что это катастрофа и трагедия?
6. Чем недовольны молодые шефы?
7. Что значит – быть настоящим шеф-поваром?

Звезда Мишлен — что это такое?

Звезда Мишлен — это самая высокая награда поваров и ресторанов, кулинарный «Оскар». В 1900 году француз Андре Мишлен, руководитель корпорации по производству автомобильных шин Michelin, написал гид-путеводитель для автомобилистов, в котором описал основные места, необходимые водителям в пути:

- автозаправки;
- недорогие кафе;
- хостелы и гостиницы;
- шиномонтажные мастерские;
- некоторые достопримечательности.

То есть всё, что обязательно будет нужно во время путешествия на автомобиле. Гид был бесплатным, его можно было взять в автомастерских и на заправках, но сначала он был не очень популярен. Через 20 лет в путеводителе Мишлена появился список ресторанов с ценами среднего чека. Тогда и появились известные «звёзды», которые сначала указывали на самые дорогие заведения, сам путеводитель уже стал платным.

С 1926 года звёзды в путеводителе стали давать не самым дорогим, а самым вкусным ресторанам. В результате простой путеводитель изменил историю ресторанного бизнеса. Как и за что дают звёзды Мишлен сегодня?

Одна звезда

Хорошее заведение в своей категории с очень хорошей кухней и обслуживанием. *Если будете рядом, обязательно сходите.*

Две звезды

Лучший ресторан в своей категории с уникальными блюдами. *Если будете не очень далеко* – измените ваш маршрут, чтобы тут побывать, это того стоит.

Три звезды

Исключительное место с авторской кухней легендарных шеф-поваров. *Достойно того*, чтобы планировать маршрут поездки *именно для визита сюда*. В таких местах вас ждут лучший сервис, дорогие дизайнерские интерьеры, эксклюзивная кухня и возможность увидеть за соседними столиками известных VIP-персон.

Как получить звезду? Круглый год эксперты Мишлен ездят по миру и ходят в разные рестораны (разумеется, инкогнито). Они интересуются всем: как встречают и обслуживают гостей, какая в ресторане сервировка стола, какое меню. У экспертов несколько десятков критериев. Чтобы получить одну звезду, ресторан должны проверить минимум четыре раза. А если клиенты будут потом недовольны, то звезду можно и потерять.

Получить звезду Мишлен могут не только рестораны, но и лично шеф-повара, которые в них работают. Многолетний опыт, самое высокое мастерство и уникальные авторские блюда – вот что оценивают эксперты.

К сожалению, в России эксперты Мишлен пока не работают.

Вопросы:

1. Почему звёзды Мишлен называют кулинарным «Оскаром»?
2. Какую информацию можно было найти в первых путеводителях Мишлен?
3. Кто и где стал впервые использовать звёзды? Зачем?
4. Что потом стали показывать звёзды?
5. Кто даёт ресторану звёзды Мишлен?
6. Как можно потерять награду?

— Так вы всё-таки человек советский или российский?

— Хотя я и родился в СССР, но очень рано уехал жить за границу, потому что мой отец там работал. Спросишь, почему я тогда подчёркиваю, что я из СССР? Это чтобы люди понимали, что я очень многое прошёл и видел. Сразу объясняю, какого я плюс-минус возраста и **откуда у меня ноги растут** — учить меня не надо. Я сам учу людей. Вот, например, учу покупать продукты на рынке. Рынок в России — это удивительное место, единственное место, где нет ни **ценников**, ни кассовых чеков. Цена продуктов зависит от того, как ты одет. Продавцы на тебя смотрят и называют цену. Поэтому это было одно из удивительных занятий в нашей кулинарной школе — я ехал с учениками на рынок и показывал, как надо себя вести, как торговаться. Я тебе расскажу одну историю, которая произошла в Сочи. Был сезон клубники, она стоила 200 рублей. И вот иду я по рынку. А у меня любимый бренд одежды «**Ральф Лорен**», и я в нём хожу всё время. Подхожу к женщине, которая продаёт клубнику. Она смотрит на меня и думает, какую цену назвать.

Чик-чик – 500 рублей! «О, – говорю, за такие деньги она должна быть идеальной! Набирай мне идеальную клубнику за 500 рублей». Мне не жалко заплатить больше, но я не дурак. Она мне выбирала каждую клубничку по размеру, устала, но… жадность рождает бедность. Через полчаса она набрала идеальную клубнику, какую я хотел, и получила 500 рублей. Клубника была хороша, **спору нет**! На следующий день приезжаю, снова подхожу к ней и говорю: «Ну чего? Клубнички продашь?» Она говорит: «Чёрт побери, возьми что хочешь и уходи отсюда!» Так что я клубнику реально купил по 250 рублей, второй килограмм она дала мне бесплатно.

Комментарии:

• **откуда у кого ноги растут** – где причина, источник поведения человека

• **ценник** – табличка с ценой

• **«Ральф Лорен»** – бренд дорогой одежды

• **спору нет** – абсолютно точно

Вопросы:

1. Почему Константин всегда подчёркивает, что он родился в СССР?

2. Почему Константин думает, что его не нужно учить?

3. Чему он учил своих учеников в кулинарной школе?

4. Что удивительного на рынке в России?

5. Почему Ивлев попросил продавщицу на рынке набрать ему килограмм идеальной клубники?

6. Продавщица была довольна, что дорого продала Ивлеву клубнику?

7. Вы согласны, что жадность рождает бедность? Приведите свои примеры.

В 2001 году Ивлев открывает для публики модное на тот момент эклектичное направление. Он также интересуется паназиатской кухней японского шефа **Нобуки Матсушимы**. В книгах Нобуки ему больше интересны были не рецепты, а подача, презентация, красота картинки. «Все цвета, линии на тарелке при подаче должны подчёркивать то, что блюдо сделано не в одном тоне, – говорит Константин. – Еда должна радовать в первую очередь взгляд. Это как будто мы, мужчины, смотрим на девушку, она нам нравится, хотя мы не знаем, блондинка она в голове или нет. Но картинка хорошая. Вот так же и с едой, мы её должны визуально полюбить, а потом, если она ещё и вкусная, то: "Вау!", – вечер удался». В это время о Константине начинают писать британские и французские кулинарные журналы, Ивлев становится самым известным поваром России.

А в 2004 году Константин Ивлев пишет свою первую книгу – о своей кулинарной философии, о том, что значит высокая кухня сегодня. Самые известные книги Ивлева – «Россия готовит дома» и «Моя философия кухни», он написал их вместе с шеф-поваром Юрием Рожковым, своим другом и партнёром. А вместе с 11-летним сыном Ивлев написал книгу «Готовим на раз, два, три», в которую отец и сын вместе собирали рецепты.

В 2006 году Ивлев возглавил новый проект ресторатора Аркадия Новикова «GQ-бар». Получил звание «Шеф года» по версии «Коммерсантъ-Weekend» и «Time Out». В «GQ-бар» Константин придумывает много новых блюд, с которыми потом долго работает в разных ресторанах. Одним из таких блюд была стерлядь в березовом соке. В блюде технологически не было ничего принципиально нового, ничего общего с модной молекулярной кухней. Просто два типичных и характерных русских продукта, которые раньше никто не готовил вместе. Но блюдо имело большой успех.

После этого успеха в 2007 году шеф Константин Ивлев предложил манифест «новой русской кухни». До сих пор никто не может **толком** объяснить, что же это такое — новая русская кухня. Есть несколько шеф-поваров, у которых есть что-то общее. Они пробуют развивать русские кулинарные традиции, русские рецепты и русские продукты и выводить эти традиции на мировой уровень. С этой точки зрения новая русская кухня — это попытка создать современную кухню из продуктов и вкусов, к которым русские привыкли с детства, и при этом быть понятными и интересными всему миру.

Русской темой быстро начинают интересоваться коллеги — не только повара, но и бармены. Появляются коктейли **«Исаев»** (с берёзовым соком) и «Наша Маша» (шот **«Кровавой Мэри»** со сливочным хреном). Ивлев становится очень популярным шефом. Он так много и часто всем говорил про новую русскую кухню, что все про неё узнали и поверили в неё. Кухня Кости Ивлева не была суперсложной или принципиально новой, но это была хорошая свежая еда из хороших продуктов, которую готовили с помощью новых технологий и красиво подавали. Сегодня такой **пиар**-ход кажется журналистам элементарным, но в середине нулевых манифест Константина стал большой новостью. В 1960-х именно так сделали французы, когда стали говорить о новой французской кухне.

Комментарии:

- **Нобуки Матсушима** — один из самых популярных и влиятельных поваров в мире, мастер суши, популярность получил благодаря сочетанию традиционной японской кухни с южноамериканскими ингредиентами.
- **толком** (сказать, объяснить, знать) — понятно, точно
- **Исаев** — герой культового сериала 1970-х годов, советский разведчик Максим Исаев, которому берёзы в Германии напоминают о родной России.
- **Кровавая Мэри** (Bloody Mary) — классический коктейль из водки и томатного сока, Маша — русский вариант имени Мэри.
- **пиар** — от англ. PR, public relations — связи с общественностью (бизнеса или государства), главная функция пиара — создать у целевой группы нужную ценность, без которой эта группа уже не может жить.

Вопросы:

1. Что Константин считает главным в еде?
2. Почему о нём в 2001 году начали писать иностранные кулинарные журналы?
3. Какие книги написал Ивлев? С кем он писал свои книги?
4. Какое блюдо открыло новую русскую кухню? Что необычного было в этом блюде?
5. Что такое «новая русская кухня»? Что нового предложил Ивлев?
6. Кто стал интересоваться новым направлением в кулинарии?

— Вас называют основоположником «новой русской кухни». В чём её принципиальное отличие от старой или традиционной?

— В 2007 году я объявил манифест о том, что я создал новую русскую кухню. Идея была в трёх принципах. Первый — использование **отечественных** продуктов. Стопроцентно, конечно, не получится, потому что каких-то необходимых ингредиентов у нас просто нет. Вот сегодня я готовил кролика. При этом я, например, использовал импортное трюфельное масло, морскую итальянскую соль. Но главный продукт — это кролик. Второй принцип — готовить на основе современных технологий. Существует молекулярная, низкотемпературная, шоковая кулинария — то есть современная кухня сделала большой шаг в технологии. Третий принцип — красивая подача, для подачи можно использовать народную посуду, дерево и многое другое.

Как-то я пришёл в строительный магазин и вижу: лежит кирпич, синий, стеклянный, пять килограммов весит. Мне он так понравился, что я придумал для него специальное блюдо. И этот синий кирпич, на который я положил красную рыбу, символизировал море. Важно не останавливаться на достигнутом, а двигаться и искать что-то новое.

— Вы свои рецепты запоминаете или записываете?

— Записываю в ежедневники. Я каждый год начинаю вести новый ежедневник – у меня уже целая коллекция. Во-первых, у кулинарии есть такое понятие «семилетний цикл» – она движется по кругу. Во-вторых, бывают мысли, идеи, рецептура, которые ты со временем можешь забыть. И когда надо, всегда можно заглянуть в нужный ежедневник и всё найти. Я и сына в 17 лет заставил завести такой ежедневник, когда он начал изучать профессию.

— Много их уже у вас?

— 25 штук. Я шефом стал в 97-м году.

— А у сына сколько?

— Один пока. Второй начал. Но ему только 18 лет.

— Вы смотрите, что он там пишет?

— Да, смотрю, рисует он там или всё-таки что-то пишет. Оказывается, пишет.

— Вы его к себе на работу в ресторан возьмёте?

— Матвей с 10 лет у меня работал, приходил летом, чистил овощи на кухне – я платил ему карманные деньги. Но сейчас он уже не хочет быть поваром, хочет работать в гостиничном и ресторанном бизнесе, поэтому поедет учиться менеджменту этого направления. В течение последних трёх месяцев Матвей работал у моего ученика и очень хорошего шефа в одном ресторане в Сочи. А когда вернулся, сказал

Новая русская кухня • 37

мне: «**Пап**, я тебя люблю и уважаю, но не буду поваром. Я вообще не понимаю, как вы по 14–16 часов в день работаете. Я чуть с ума не сошёл». В ответ я попросил, чтобы он остался в этом бизнесе, потому что хочу передать ему своё дело. В нашей семье всегда так было: твоя задача не потерять всё, а приумножить. В этом тогда и будет заключаться смысл жизни.

Комментарии:

- **отечественный** = местный, локальный
- **Пап!** – звательная форма от папа

Вопросы:

1. Когда Ивлев придумал свой манифест новой русской кухни?
2. Какие принципы новой русской кухни были в его манифесте?
3. Как Ивлев собирает рецепты?
4. Сколько ежедневников с рецептами он уже записал?
5. Как часто возвращается мода в кулинарии?
6. Когда сын Ивлева начал работать на кухне? Он получал деньги за работу?
7. Матвей хочет быть поваром? Почему? Кем он хочет быть?
8. Какие планы на сына есть у Константина?
9. В чём смысл жизни для Константина Ивлева?

Не только кухня

Главное увлечение Ивлева — это его коллекция кукол-поваров. В его коллекции несколько сотен кукольных поваров, это настоящий музей в квартире.

Ещё он любит путешествовать. Вот что говорит сам Константин:

«Я занимаюсь агротуризмом. Я в первую очередь повар, потом шеф, а жизнь повара — это поиски интересного, вкусного, этим и прекрасна моя профессия. Я всегда говорю: "Повар — это красное вино, чем старее, тем дороже и лучше во вкусе". У повара мозг — это библиотека вкуса. Хороший повар всегда ездит по миру, пробует, если ему нравится, то он дома начинает искать то, что он пробовал. Это **круто**, я понимаю, что до конца своих дней я всего не изучу, я постоянно открываю какие-то вкусы для себя. Когда хочется просто объесться, самое крутое — это Испания и Италия, куда ни пойдёшь, получаешь качественный продукт. Паназия, Китай, Вьетнам — вот там иногда открываешь новые вкусы и сочетания, хотя всё приготовлено максимально просто».

Константин Ивлев не является адептом **ЗОЖ** или вегетарианцем, как его

Новая русская кухня • 39

вторая жена, но он давно не пьёт, не курит и увлекается бегом, футболом и плаванием. А своим любимым завтраком он считает яичницу с рисовой кашей. В обычной жизни известный шеф-повар любит простую еду: сырники, которые готовит его тёща, докторскую колбасу с хлебом, простой омлет, гречневую кашу с сосисками. «Мы эту еду знаем, понимаем, сосиски – это как жена, а всё остальное – интрига», – говорит Константин.

Комментарии:

• **круто** (разг.) – отлично, здорово, удивительно, офигенно (разг.)

• **ЗОЖ** – здоровый образ жизни, индивидуальная система поведения человека, которая помогает ему до старости оставаться здоровым и активным в реальной окружающей среде (природной, техногенной и социальной), модный стиль поведения среди молодёжи.

Вопросы:

1. Что Ивлев коллекционирует?

2. Почему его интересует агротуризм? Почему такие путешествия для него – это круто?

3. В каких странах, по мнению Константина Ивлева, еда просто вкусная, а в каких – необычная?

4. Чем ещё он увлекается?

5. Какие блюда шеф-повар любит в обычной жизни?

Что сейчас

В 2014 году Ивлев снимается в телесериале «Кухня», который вскоре стал одним из самых популярных у телезрителей. В последние годы знаменитый кулинар является скорее звездой телеэкрана, его талант ценят теперь не только гости ресторанов, но и зрители, которые смотрят передачи с его участием. 20 сентября 2020 года на телеканале «Пятница!» стартовало его новое шоу «Адская кухня» – аналогизвестного кулинарного реалити-шоу с участием британского шеф-повара Гордона Рамзи. Кроме того, его авторские книги о кулинарии с уникальными рецептами также очень популярны. Константин Ивлев – настоящий **гуру** кулинарного искусства, он на своём примере доказал, что успехи в школе не так важны, если развивать свой талант и всё время идти к цели. Он член Французской гильдии гастрономов и глава Федерации профессиональных поваров и кондитеров России. Для многих Константин Ивлев стал настоящей иконой в кулинарии.

Вопросы:

1. Чем Константин Ивлев занимается последние годы?
2. В чём его биография похожа на биографию Ильи Лазерсона, а в чём она отличается?
3. Что главное в успехе Константина Ивлева?
4. Как вы думаете, Константин счастлив?

ВЛАДИМИР МУХИН

Владимир Мухин – российский повар в пятом поколении. Владимир родился в **Ессентуках**. Его карьера началась в 12 лет на кухне ресторана, которым владел и в котором был шеф-поваром его отец. Он многому научился у своих дедушки и бабушки. В 2000 году в 17 лет Владимир уехал работать и учиться в Москву. В 2004 году он окончил **Российский экономический университет им. Г.В. Плеханова** по специальности «Инженер-технолог общественного питания». Проходил стажировки в известных ресторанах «Белград», «Китай-город», «Ностальжи», «Пушкин» и др. В 2009 году Мухин стал одним из первых современных русских шеф-поваров, который гастролировал по Франции, готовил ужин в мишленовском ресторане.

42 • Как стать успешным и счастливым: новые русские истории

Сейчас шеф-повар ресторана **White Rabbit** в Москве. В 2014 году White Rabbit вошёл в 100 лучших ресторанов мира, в 2015-м вошёл в рейтинг The **World's 50 Best Restaurants** и стал 23-м, а ещё через год ресторан Мухина занял 18-е место рейтинга, он стал первым российским рестораном в списке двадцати лучших ресторанов мира. В 2018 году он уже на 15-м месте. А в 2019 году в Сингапуре White Rabbit показал свой лучший результат в истории, он на 13-м месте в рейтинге и уже несколько лет повторяет его. В 2019 году Владимир вошёл в десятку лучших поваров мира (профессиональная поварская премия **Best Chef Awards**). Местные сезонные продукты, суперсовременные технологии, новые сочетания — так Владимир Мухин видит современную русскую кухню.

Комментарии:

- **Ессентуки** — небольшой курортный город на юге России, административный центр региона Кавказские Минеральные Воды.

- **Российский экономический университет им. Г.В. Плеханова** — ведущий экономический вуз России, по количеству специализаций на направлении «Экономика» является самым большим в стране. Старейший экономический университет России.

- **White Rabbit** — «Белый кролик», панорамный ресторан в Москве, который основал ресторатор Борис Зарьков. Название ресторана ассоциируется с героем романа Льюиса Кэрролла «Алиса в стране чудес», который был проводником Алисы в новом незнакомом мире. Фраза «Иди (следуй) за белым кроликом» стала известным устойчивым выражением после выхода первой части фильма «Матрица». Она означает: рискни, пойди навстречу незнакомому, даже если неизвестно, что там тебя ждёт.

• **The World's 50 Best Restaurants** — рейтинг ресторанов по версии авторитетного журнала The Restaurant Magazine на основе опроса шеф-поваров, рестораторов, гурманов и ресторанных критиков по всему миру.

• **Best Chef Awards** — престижная международная премия для шеф-поваров; примечательна тем, что за 100 лучших шефов голосуют только профессионалы индустрии: шеф-повара, сомелье, журналисты и гастрономические критики.

Вопросы:

1. Кто такой Владимир Мухин?
2. Где он родился? В какой семье?
3. Какое у него образование?
4. Где он стажировался?
5. Какие международные премии он получил?
6. Какой он видит современную русскую кухню? Чем его взгляд похож на Ивлева, а чем — нет?
7. Что вы можете сказать о характере Владимира на основе фактов из его биографии?

Интервью журналиста «Форбс» (Forbs) у Владимира Мухина (2019 год)

— Вы довольны своим результатом?

— Все почему-то думали, что мы будем на 10-м месте, но я очень комфортно себя чувствую на 13-м — это **волшебное число**, оно мне очень нравится. Принципиально важно: White Rabbit уже 6-й год в рейтинге. А в него, как я думаю, важно не войти, важно в нём остаться. 50 лучших ресторанов мира — это такой круг друзей, которые тебя ждут из любой точки мира, неважно откуда ты — из Лос-Анжелеса или из Вены. Когда ты впервые входишь в 50 лучших, то сразу же видишь в ресторане очень много гостей со всего мира. Мне кажется, сегодня это единственный значимый рейтинг для российских ресторанов. О твоём ресторане узнают иностранные журналисты, они хотят продегустировать меню и написать о тебе. Начинаются новые проекты с другими шефами. Перед тобой действительно открываются двери, которые раньше были закрыты. Звёзды всего мира пишут тебе, когда хотят приехать в Москву.

— У вас стало больше гостей после этой награды?

— Конечно, и иностранных гостей становится даже больше,

чем местных. В России не очень привыкли к тому, что в ресторане может не быть мест. И пока все реагируют на это, к сожалению, очень агрессивно. Последние 6 лет мы просим наших гостей резервировать столы: в ресторане 100 мест, но без предварительного резервирования вы обычно не сможете найти столик. Если вы хотите попасть на Fine dining, на настоящий гастрономический ужин в «Белом кролике», то нужно резервировать столик за неделю, на chef's table, ужин от шефа, — за 2 месяца. На ужине от шефа я готовлю перед гостями лично.

— Как 13-е место в рейтинге повлияет на ресторан?

— Это время подумать обо всём, что ты делал весь год. Сначала изменится дизайн. «Белый кролик» будет совершенно другим проектом.

А ещё мы в следующем году будем очень много работать, чтобы быть в числе десяти лучших ресторанов. С каждым годом мы к этому всё ближе. В этом году пять ресторанов из России попали в список 120 лучших, это говорит о том, что нас стали замечать: ещё совсем недавно к нам относились очень невнимательно. Мы были недавно на конгрессе в Ирландии, и после конгресса гуляли по городу русской командой. Когда нас увидели местные ребята, они сказали что-то вроде: «Чувствуешь? Запах водки!» Есть стереотипы, и мы стараемся с ними бороться. Русская кухня теперь другая, и она стала такой достаточно быстро. Фактически, настоящие рестораны

46 • Как стать успешным и счастливым: новые русские истории

в России появились только в 1980-е годы, такие, которые могли бы работать в любой точке мира.

Комментарии:

• **13 — волшебное число**: в России число 13 традиционно считают несчастливым, Владимир смотрит на него нетрадиционно.

Вопросы:

1. Владимир Мухин доволен результатом ресторана «Белый кролик» в рейтинге «50 лучших ресторанов мира»?

2. Сколько лет ресторан уже участвует в рейтинге? Почему это важно?

3. Что даёт высокое место в рейтинге для ресторана?

4. Почему иностранных гостей в ресторане становится больше, чем местных? К чему не привыкли гости ресторанов в России?

5. Что такое ужин от шефа? За какое время нужно резервировать столик в «Белом кролике» на такой ужин?

6. Какие планы у Владимира после премии? Какую цель он ставит перед рестораном?

7. С каким стереотипом о русских Владимир встретился в Ирландии? А в вашей стране есть такой стереотип? А у вас?

8. Сравните любой фрагмент из интервью с Константином Ивлевым и этот фрагмент из интервью с Владимиром Мухиным. Сосчитайте, сколько раз каждый герой интервью сказал «я» и сколько — «мы». О чём это говорит?

— Два ресторана вашего холдинга вошли в 50 лучших. Дайте совет, что нужно делать шефу и ресторану для того, чтобы попасть в рейтинг? Как работать?

— Для начала стоит обратить внимание на конкретный рейтинг и его требования. По правилам в ресторане должна быть кухня из местных продуктов.

— Какие рестораны в России ещё могут быть в рейтинге Топ-50?

— Мне очень нравится Birch из Санкт-Петербурга, и я надеюсь, что в следующем году мы увидим этот ресторан в рейтинге.

— А что конкретно нужно делать ресторану, который работает с местными продуктами, чтобы его заметили?

— Во-первых, нужно принять участие в каком-то мероприятии. Например, шеф может хорошо себя показать на S.Pellegrino Young Chef. Когда я стал вице-чемпионом этого конкурса, я купил карту мира в большом масштабе и отметил на ней все ключевые места, где встречаются главные представители рынка, так называемые фудиз, которые постоянно путешествуют, пробуют самую разную

48 • Как стать успешным и счастливым: новые русские истории

еду, а потом возвращаются к себе и голосуют за рестораны. Я сам стал путешествовать по всевозможным конгрессам — в Бразилию, Мексику, Испанию и другие страны. Сам участвовал в различных мероприятиях. Так меня заметил Netflix, который потом снял фильм про меня. Так всё и началось. Но, я считаю, правильнее будет не думать о рейтингах, а заниматься едой. Готовить, готовить и готовить. И рано или поздно всё встанет на свои места.

— Все знают, что вы шеф-повар «Белого кролика», кто-то знает, что вы бренд-шеф всех ресторанов холдинга White Rabbit Family, но мало кто догадывается, что вы ещё и совладелец некоторых проектов. Расскажите, пожалуйста, об этой стороне вашей работы.

— В первую очередь я — бренд-шеф и отвечаю за качество еды во всех наших проектах. Сегодня понедельник — я уже был в «Сахалине», потом поехал в «Кролик» — готовил там новое меню. Завтра буду заниматься школой поваров, поеду в Selfie и Chicha. В среду — «Горыныч» и фудмаркет «Вокруг света». В четверг — «Техникум» и Luciano, встреча по новому проекту. В пятницу Mushrooms и снова «Горыныч». То есть за день я обычно бываю в двух проектах — сейчас особенно важно, так как везде вводятся сезонные блюда и новое меню. Я партнёр почти во всех проектах. И это супермотивация, ведь от меня зависит многое, а с точки зрения кухни — так уж точно всё. Если проекты неудачные, решения об их закрытии или изменении концепции мы принимаем коллегиально. Конечно же, есть проекты, которые, как мне кажется, неправильно развиваются. Можно что-то изменить, поэтому мы и встречаемся: меняем концепции. В Москве, на мой взгляд, есть вкусные и интересные рестораны, но московская публика их не принимает.

Комментарии:

• **S.Pellegrino Young Chef** — самый престижный в мире конкурс молодых поваров до 30 лет. Победитель должен в своих блюдах не только показать жюри технические навыки и творческие решения, но также доказать, что его работа может изменить мир к лучшему. На конкурс подаётся несколько тысяч заявок. Братья Иван и Сергей Безруцкие, Хезрет Бердиев — вот только некоторые российские участники конкурса. (https://style.rbc.ru/impressions/5808a6819a79479398ef7233)

• **бренд-шеф** — это человек, который руководит работой нескольких шеф-поваров в разных ресторанах

Вопросы:

1. Как войти в известные рейтинги, по мнению Мухина?
2. Что сделал Владимир, чтобы его ресторан заметили в рейтингах?
3. На каком месте Владимир был в рейтинге S.Pellegrino Young Chef?
4. Какая компания сняла фильм о Владимире?
5. Что главное в жизни хорошего шефа, по мнению Владимира Мухина?
6. В какой день Владимир поедет в школу поваров?
7. Почему бренд-шефу нужно регулярно самому бывать во всех его проектах? Почему нельзя управлять ресторанами по интернету?
8. Для шефа быть совладельцем ресторана — это значит уже можно отдохнуть или хочется ещё больше работать?
9. В речи Владимира много иностранных слов — о чём это говорит?
10. Многие современные русские рестораны называются по-английски. О чём это говорит?

— Расскажи о будущих меню от шефа.

— Я продолжаю общие проекты с разными интересными людьми из сферы искусства. Мы построили интересную историю, когда шеф читает стихи, а перед ужином играет настоящий **гусляр**. А официанты предлагают гостям пройти на кухню и познакомиться с людьми, которые для них готовят. Сейчас мы еще работаем над **иммерсивным проектом**. В новом ресторане будут проходить настоящие спектакли: когда ты сидишь, например, в Сахаре, а через несколько минут поднимаешься на Эльбрус — через видеоряд, запах, вкус. Также продолжаем заниматься **фестивалем IKRA**.

— Кстати, как работает IKRA?

— IKRA прекрасно работает. Это не просто фестиваль —

это, скорее, путешествующая гастрономическая платформа. Проект начался с нашего желания изучить местную флору и фауну и показать это иностранным шефам и журналистам, а иногда даже и русским. Этот проект для гостей и поваров вместе, когда кухня поворачивается к тебе лицом. Я уверен, что формат, когда официант просто приносит еду гостю, уходит в прошлое: сейчас общение с поварами выходит на первый план.

— Вы, наверное, не часто в ресторане выносите блюда гостям?

— У меня много проектов, но занимаюсь я ими днём, и каждый вечер сам готовлю в White Rabbit. Ну и не стоит забывать про меню от шефа, где меня не только можно увидеть, но и пообщаться.

Комментарии:

• **гусляр** — музыкант, который играет на традиционном русском народном инструменте гуслях; гусли — родственник греческой арфы.

• **иммерсивный проект** — проект, который с помощью современных технологий создаёт эффект присутствия в каком-либо месте, погружение в другую среду.

• **фестиваль IKRA** — в 2017-м году Борис Зарьков, Ксения Тараканова и Владимир Мухин создали международный кулинарный фестиваль Ikra, который ежегодно проходит в Сочи. В конце зимы в Сочи приезжают лучшие иностранные и российские шефы, чтобы приготовить ужины в четыре руки или даже в шесть рук. На фестивале проходит большая образовательная программа: мастер-классы, лекции, гастрономический форум, кондитерский практикум и др.

Вопросы:

1. Какие новые проекты ведёт Владимир?
2. Зачем появился кулинарный фестиваль «Икра»?
3. Зачем сегодня люди приходят в дорогие и известные рестораны?
4. Как Владимир отвечает на новые интересы публики?
5. Вы согласны, что повар – это творческая профессия?

О личном

— Готовите ли вы дома? И есть ли у вас фирменное домашнее блюдо, которое вы никогда не будете готовить у себя в ресторане?

— Естественно, я готовлю дома, но по выходным. Стараюсь делать это вкусно. Очень часто именно дома и рождаются новые блюда. **Коронное блюдо** – то, которое я готовлю в данный момент. Я нахожу идеи в новых продуктах. Трудно сказать, что моя еда похожа на классическую русскую кухню, и нельзя сказать, что это не русская кухня, потому что у меня русский вкус. Всё, что я готовлю, всегда получается по-русски. Например, земляника с шампанским или патиссоны с салом – на сто процентов русский вкус.

— Вы требовательны в еде?

— Очень. Я всегда очень точно чувствую качество еды и её вкус. И очень злюсь, когда плохо готовят. Кстати, моя жена очень хорошо готовит! Даже дети мои классно готовят, даже 4-летний сын, который всё время хочет меня удивить.

— Хотели бы вы, чтобы ваши дети связали свою жизнь с гастрономией?

— Скорее да, потому что у меня есть что им передать. А вот захотят ли они этого – совсем другое дело. Конечно, у них будет возможность выбрать, чем они хотят заниматься. Но если они захотят войти в мир гастрономии, то я буду помогать им всю свою жизнь.

— Чем вы занимаетесь в свободное время, если оно вообще бывает?

— Фехтованием и тайцзи – это китайская гимнастика, как ушу. Практикую технику молчания. Это когда ты дней десять вообще не говоришь. Как медитация. С работой это соединить сложно, но мои ребята, как правило, об этом знают. В эти дни я стараюсь брать отпуск. Обычно меня сложно найти в это время. Я уезжаю под Нижний Новгород – там у меня волшебные места есть. Недавно я был в Сингапуре, где мне посчастливилось вместе с великими мастерами из разных стран судить конкурс среди поваров. И мы были в школе, невероятно крутой школе поваров, где я бы хотел, чтобы учились мои дети. В России нет таких школ, обычно у нас на этом пытаются заработать денег. Но я считаю, что школа – это не бизнес. Это место, где ты отдаёшь и получаешь энергию. Кстати, в свой день рождения я провожу конкурс среди поваров White Rabbit Family. И это очень круто, потому что в этот день ты получаешь так много

Новая русская кухня • 55

внимания, которое ты можешь ретранслировать на других людей.

— Знаете ли вы, сколько зарабатывает официант и шеф в вашем ресторане?

— Конечно. Профессия повара, наверное, самая недооценённая в России. Конечно же, я не говорю про шахтёров, об этом я не знаю. Но инфляция растёт, недвижимость дорожает, а зарплаты у обычных поваров стабильны. Моя задача, чтобы у наших поваров зарплата регулярно росла. Я так и говорю своим ребятам — я работаю для того, чтобы у вас были лучшие зарплаты в городе. У меня есть доля в White Rabbit Family, и свой процент я делю между всеми поварами. Ведь это не только мои деньги, но и их тоже. Это своего рода 13-я зарплата и супермотивация лучше работать. На моей кухне нет одинаковой зарплаты. Основное в White Rabbit Family — это время работы в компании: чем дольше ты работаешь, тем больше получаешь. Даже на одной позиции на кухне у двух людей могут быть разные зарплаты. В среднем от 35 до 100 000 рублей, в зависимости от графика работы и других факторов. У официанта ставка — 650 рублей в день плюс чаевые. А вообще я не люблю думать о финансах. Когда говоришь с патиссонами, думать о деньгах не приходится. Мой отец всегда меня учил: «Как только ты будешь знать, сколько стоят продукты, ты перестанешь творить».

Комментарии:

• коронное блюдо – визитная карточка повара, блюдо, которое он делает лучше всех

Вопросы:

1. Кто готовит в семье Мухиных?
2. Какое блюдо у Владимира коронное?
3. Почему можно сказать, что Владимир готовит по-русски? Что даёт ему идеи новых блюд?
4. Когда Мухин злится?
5. Что Владимир Мухин думает о будущем своих детей? Он похож на своего отца?
6. Чем шеф занимается в свободное время? Что говорят о его характере его увлечения?
7. Когда и почему он берёт отпуск? Куда едет в это время?
8. А вы хотели бы практиковать технику молчания? Вы можете молчать 10 дней?
9. Почему в России пока нет крутых школ для поваров? Что такое школа для Владимира? Вы согласны с таким определением?
10. Где и почему Владимир встречает свои дни рождения? Вам важно внимание к вам в день рождения? Почему?
11. Что Владимир делает со своей долей в доходе «Белого кролика»? Почему?
12. Почему на его кухне у поваров разные зарплаты? От чего зависит зарплата его поваров? Это справедливо?
13. Почему Владимир не любит думать о финансах? Вы согласны с его отцом?
14. Можно ли назвать Владимира успешным и счастливым? Почему?
15. Какие качества всех трёх шефов, о которых вы прочитали, помогли им стать успешными и счастливыми?

БОРИС ЗАРЬКОВ

Ресторатор Борис Зарьков — человек, который вместе с шефом Владимиром Мухиным смог вывести российский ресторан White Rabbit на 13-е место в списке 50 лучших ресторанов мира. А ещё ему удалось построить одну из самых успешных отечественных ресторанных компаний — White Rabbit Family. В неё входят больше 20 проектов в Москве и Сочи.

О том, с чего всё начиналось и почему продолжилось, с Борисом поговорил лучший гастрожурналист страны и главред сайта «Еда» Роман Лошманов.

— Как вообще появились рестораны в вашей жизни?

— Они появились как хобби — в 2002 году. Один ресторатор предложил мне открыть ресторан. В центре Москвы.

— А вы чем занимались до этого?

— Я занимался стрит-ритейлом.

— Это что такое? Уличная торговля?

— Уличная торговля. Салоны мобильной связи, операционные кассы, автозаправочные станции, автомоечные комплексы.

— И вдруг ресторан.

— Да.

— Почему захотелось ресторан?

— Всем хочется ресторан.

— Только поэтому?

— Ну мы тогда его как бизнес не рассматривали. Он был нужен как место, где встречаться, для себя. Это была самая главная ошибка.

— Потому что ресторан надо делать не для себя?

— Потому что в 2002 году моё понимание ресторанов было очень условным.

— Каким же был ваш ресторан?

— Он был... Я тогда очень слушал дизайнеров — и наш ресторан был **неедабельным**.

— Невкусным?

— Он был тёмным, **тусовочным** и не расположенным для того, чтобы там проводить время для еды, скажем так. Ресторан может быть очень вкусный, очень концептуальный – но чёрные стены и чёрный потолок...

— То есть **таким** ресторан не должен быть?

— Ресторан может быть любым. Но ресторан, который работает как бизнес, точно не должен быть с чёрным потолком и чёрными стенами.

— В общем, как бизнес это был неудачный ваш проект.

— Да.

— И как долго он просуществовал?

— Года два.

— А потом?

— Потом мы его продали.

Новая русская кухня • 59

Комментарии:

- **ресторатор** – владелец ресторана
- **неедабельный** (ресторан) – в котором неприятно, трудно есть; (о блюде) несъедобный и т. п., ср.: кликабельная ссылка – которая открывается, популярная; читабельная книга – книга, которую легко, приятно читать
- **тусовочный** – (разг. прил.) подходящий для неформального общения (место, одежда) или общительный (человек, характер), светский, богемный, свойский. От «тусовка» – место общения определённой группы людей (свои тусовки есть у бездомных, артистов, политиков); от французского tous, то есть «все»; место, где все встречаются без дела. Может означать сейчас любую публичную встречу чисто светского, неделового характера. Также «тусоваться» – проводить время в компании ради общения, без дела.

Вопросы:

1. Кто такой Борис Зарьков?
2. Чем он занимается и почему начал заниматься ресторанами?
3. Почему его первый ресторанный проект был неудачным?
4. Что случилось с первым рестораном Зарькова?
5. Чем отличается ресторан как бизнес от ресторана как места тусовки, ресторана для себя, ресторана как арт-объекта? Вы согласны с Борисом Зарьковым?
6. Почему можно сказать, что Зарьков – хороший бизнесмен?

Как родился «Белый кролик»

— И когда появился следующий ресторан?

— В 2005 году.

— И он уже был как надо? Каким его хотели видеть вы, а не дизайнеры?

— Да, он был такой, как мы его тогда видели. Он работает до сих пор. Сколько уже – 12 лет прошло.

— Он светлый, едабельный...

— Светлый, едабельный, симпатичный.

— И как получился потом White Rabbit? Ресторан наверху и с амбициями.

— Он сначала с амбициями не был. Я хотел просто еду. В итоге мне удалось убедить партнёра, что с его концепцией надо прощаться, надо прощаться с Константином Ивлевым (Ивлев был первым шефом **White Rabbit**). Пригласили Владимира Мухина. Переделали ресторан не визуально, визуально мы его только чуть-чуть поменяли, а больше концептуально.

— Почему пришлось попрощаться с Ивлевым?

— А Костя не хотел заниматься этим. Ему было неинтересно. У него другое понимание мира. Я не смог его изменить. Ивлев не хотел меняться. Он хотел быть советским шеф-поваром Константином Ивлевым.

— Понял. Как же появился Мухин?

— Ну всегда есть вопрос: кого взять. Тогда были ещё модны иностранцы. И я прекрасно понимал, что эти люди – у них другая ментальность. Другое отношение к работе. Потому что профсоюзы там за сто лет научили людей так работать, что они уже не могут работать по 12–14 часов в сутки. Ну и ещё я оценивал ситуацию так: какая мотивация у людей уехать, например, из Италии и приехать в Россию?

— Если ты хороший повар и у тебя есть работа...

— Да, если ты хороший повар... Из России же в Сомали не едут хорошие ребята работать.

— Да там и денег поменьше, чем в России.

— В Сомали? **Смотря для кого** готовишь. В общем, иностранцев я не рассматривал, звёзд тоже — одна звезда у меня уже случилась. Поэтому я понял, что надо искать молодых и талантливых. И встретил Владимира Мухина. В кафе «Житная, 10».

Комментарии:

• **смотря для кого** (разг.) — всё зависит от того, для кого это; ср.: смотря что есть, смотря куда пойти, смотря где работать...

• **White Rabbit** — «Белый кролик», самый известный ресторан Зарькова (см. выше рассказ о его шефе Владимире Мухине). Название ресторана вызывает ассоциации с героем романа Льюиса Кэрролла «Алиса в стране чудес», который стал проводником Алисы в новом незнакомом мире.

Вопросы:

1. Через какое время после закрытия первого ресторана Зарьков открыл свой новый ресторан (перечитайте фрагмент на с. 58–59)?

2. Почему появился «Белый кролик»?

3. Почему Зарьков решил расстаться с Константином Ивлевым?

4. Почему Зарьков не пригласил в свой новый проект иностранного шефа? А почему не искал нового шефа-звезду?

5. Кого Зарьков стал искать на роль нового шефа?

— Как это было? Приехали случайно в «Житную, 10»?

— Я всегда сначала приезжаю. Мне говорят: вот там хороший шеф-повар – и я приезжаю.

— Значит, кто-то сказал.

— Кто-то сказал, да. Как легче всего узнать, где молодые талантливые повара, – пообщаться с людьми, которые ходят по всем ресторанам. Кто это? Гастрокритики, организаторы фестивалей про еду: это их работа – ходить и пробовать всё подряд. Ну поспрашивал тогда, я помню, разных. Я сначала заехал и просто его попробовал. Мне очень понравилось.

— Как это было?

— Я пришел в «Житную, 10» – пустой ресторан, в обед. Сел в углу, взял меню. Если шеф-повар у себя в ресторане плохо готовит, то откуда у тебя уверенность, что он специально для тебя будет готовить лучше? Зачем устраивать какую-то дегустацию, если пришёл, по меню поел – и всё понятно.

— И вы всё меню заказали?

— Нет, зачем. Три блюда. Понятное дело, что если шеф работает, например, в ресторане «Доктор Живаго», то надо взять классику: котлетку, борщик. Я говорю про ресторан русской кухни. Если котлетка и борщик там будут плохими, то зачем пробовать его **в креативе** уровня **кандидата наук или доктора наук**? Если он училище не окончил. Или показательно знаете, что? Омлет. У нас никто не умеет омлет делать.

— Так в «Житной» вы базовые вещи пробовали?

— Честно говоря, не помню. Но было вкусно. Причём дали какие-то **комплименты**, даже Володя вышел. Вообще, повар должен выходить в зал, получать обратную связь, общаться с гостями. И мне это очень понравилось. Я с ним ещё раз встретился, попробовал, пообщался.

Комментарии:

• **креатив** – творчество
• **кандидат, доктор наук** – высшие учёные степени в России
• **комплимент** (в ресторане) – небольшое бесплатное блюдо или напиток в подарок клиенту к основному заказу

Вопросы:

1. Как ресторатор узнал о Владимире Мухине?

2. Какая деталь сказала Зарькову, что кафе «Житная, 10» не очень успешно?

3. Почему он не договорился с Мухиным о специальной дегустации и почему попробовал не всё, а только основные блюда в меню?

4. Что понравилось Зарькову, когда он встретился с Мухиным?

— И вот вы захотели сделать из White Rabbit что-то значительное, что-то другое. У вас с самого начала была мысль бороться за место в списке «50 лучших ресторанов мира»?

— Это же бизнес на самом деле. Это просто стратегия, чтобы бизнес работал долго. Потому что ресторанный бизнес — это цикличный процесс. Три-пять-семь лет живёт ресторан — и всё. Во всём мире так. Есть, конечно, какие-то проекты, которые долго работают. Исключения из правил. Но в общей массе — процентов 70–80 ресторанов всё равно со временем идут на спад.

— И всё, закрываются?

— Не закрываются. Но просто если взять график — а я **МИФИ** заканчивал, у меня всё в графиках в голове, — то он примерно такой: сначала подъём, потом плато, потом у тебя спад, потом плато, а потом опять спад. А у всех ресторанов, которые в мире работают долго (хотя бы десять лет), там бизнес основан на туризме. Какой инструмент, думал я, нужен, чтобы ходили туристы? **Ресторан «Пушкин»** я уже не придумаю. Потому что каждый турист, который приехал в Москву, хочет попасть туда, каждый. Даже когда к нам сейчас приезжают известные шефы, они все говорят: мы хотим попасть в «Пушкин». Потому что в их ментальности «Пушкину» двести лет. Он ведь сделан так, будто существует с конца восемнадцатого – начала девятнадцатого века. Итак, чтобы не было спада,

Новая русская кухня • 65

у нас была идея маркетинга для иностранных туристов. Какие ресторанные гиды были на тот момент... Рейтинг The World's 50 Best Restaurants тогда был не так известен, как сейчас, но он был единственным, куда можно было попасть. Потому что Michelin на территории России не работает. И мы разработали стратегию, как попасть туда, в The 50 Best.

— Хорошо. Значит, была такая стратегия. И при этом вы взяли мало кому известного повара. Вы решили целенаправленно сделать из него звезду или как?

— Да. У нас контракт даже был.

— **На что?**

— На то, что он попадает в топ-50 через два-три года. А он не хотел уходить из своего кафе.

— **Не хотел уходить — к вам?**

— Не хотел уходить. Ну представляете, сидит человек восемь лет, у него уже там все партнёры — друзья-семья, и ему нормально платят, а здесь риск: перейти на место короля королей Константина Ивлева. Причём оттуда он взять ко мне никого не мог, потому что это непорядочно, а Мухин очень порядочный человек. А сюда он придёт — и будет тяжело. И поэтому он не соглашался какое-то время.

— Ну да, придёт на кухню, где повара все привыкли к Ивлеву.

— Да. У нас контракт был не про то, что я ему гарантирую попадание в топ-50. Но я ему нарисовал картину, как вообще устроен этот мир, как мы будем туда попадать. И через две недели он согласился. Нет, у меня был контракт знаете, на что – на то, что... Мы каждый год привозим пятьдесят человек. До сих пор. Шефы, критики, блогеры. Схема понятная. Я целенаправленно стал реализовывать такой маркетинг, чтобы в «Белом кролике» всё было хорошо и он стабильно работал десятилетиями.

— Привлекаете туристов в первую очередь.

— Да. Первое, что мы сделали с Володей в «Белом кролике», – **сет** на тему русских писателей. «Литературное меню». Потратили много совместного времени. Я уже сейчас так не смогу.

— И вы говорили ему: делай так, так, так? Или просто ставили задачу?

— Вначале – ну да, так и было.

— «Мне нужен сет, он должен быть таким» – так?

— Да. Я показал Володе мир. (Смеётся.) Мы очень много ездим вместе, ездим и смотрим – рестораны, галереи, оперу...

Новая русская кухня • 67

Комментарии:

• **МИФИ** – Московский инженерно-физический институт, сейчас – Национальный исследовательский ядерный университет «МИФИ», входит в топ-100 лучших университетов мира во многих международных рейтингах.

• **«Пушкин»** – «Кафе Пушкинъ» – московский ресторан русской кухни с умеренно высокими ценами и дресс-кодом для некоторых залов. Известный гастрономический аттракцион для туристов. Придумал и сделал «Пушкинъ» более 15 лет назад известный ресторатор Андрей Деллос, он создал там атмосферу 1830 года. Официанты здесь немного актёры, которые читают стихи. Меню сделали специально провокационным образом, на старорусском языке, чтобы гости задавали вопросы. Официант может не только рассказать о блюде и его истории, но и провести экскурсию по дому.

• **сет** – дегустационный сет – это набор авторских блюд от шефа, которые демонстрируют его мастерство, визитная карточка ресторана. Это шанс для шеф-повара показать свой авторский взгляд на кухню, а для гостя – за одно посещение ресторана составить впечатление о кухне. Впервые дегустационные сеты появились в конце 20-го века в Чикаго.

Вопросы:

1. Сколько времени живёт средний ресторан?
2. Почему через максимум 7 лет клиенты перестают посещать успешные рестораны?
3. Что помогло Борису Зарькову понять, на чём основан успешный ресторанный бизнес, который живёт больше семи лет?
4. Почему Зарьков решил участвовать в рейтинге Топ-50, а не сделал просто хороший ресторан традиционной русской кухни?

5. Почему все иностранцы хотят побывать в «Пушкине»?

6. Почему Зарьков взял в свой проект малоизвестного повара Владимира Мухина?

7. Какой контракт заключили Зарьков и Мухин?

8. Кого ресторатор и шеф каждый год приглашают в ресторан?

9. Почему Мухин не хотел уходить из маленького и не очень успешного кафе к известному ресторатору? Что ему понравилось в предложении Зарькова (вспомните о его образовании)?

10. Как Зарьков и Мухин начали подготовку к участию в рейтинге? Почему они сделали первый сет именно литературным?

11. Что значит – показать кому-то мир? Вам кто-то показывал мир или вы открывали его только сами? А кому показываете мир вы?

12. Зачем Зарьков и Мухин ходят в путешествиях не только в рестораны и кулинарные школы?

— Ваша карта вкусов менялась с годами?

— К сожалению, сейчас, я могу сказать вам, она страдает, оттого что потребителю новаторское неинтересно.

— Русскому или вообще?

— Нашему. Московскому.

— Но вы же всё равно на туристов работаете.

— Нет, я говорю не про «Кролик», а вообще. Нашему потребителю это неинтересно, ему надо котлеты, борщи.

— И вы специально делали сеты, не боялись неудач. Того, что здесь этого не поймут.

— Да. Потому что мне это нравится.

— Но делаете вы рестораны не для себя, а для других, так?

— Нет, в какой-то степени я их делаю для себя, такими, как они мне нравятся. Но людям всё равно нужны **котлетки**. Что бы мы ни пробовали, мы всё равно домой придём и будем есть котлетку, **борщик**. Это очень показательно, понимаете? Никто дома севиче не ест. И суши не лепит. И крабов не варит.

— И это не поменяется?

— Безусловно, поменяется. Но надо два-три поколения, чтобы сломать стереотип. Я не могу сказать, что наша кухня плохая. Я вообще сам любитель котлеток, вкусных супов. Но сломать стереотип непросто, а самое главное – это же диктуется социально-экономической ситуацией в стране. А если нет потребления, если с деньгами плохо – не до экспериментов.

Комментарии:

• **котлетка, борщик** (разг.) – уменьшительно-ласкательные формы от *котлета, борщ*; такие формы очень типичны для русской речи и передают ласковое, любовное отношение человека к тому, о чём или с кем он говорит, создают домашнюю атмосферу, такие слова часто используют родители, когда говорят с маленькими детьми.

Вопросы:

1. Почему карта вкусов Бориса Зарькова сейчас страдает, хотя у него есть один из лучших в мире ресторанов?

2. Вы согласны, что обычному человеку новаторская кухня неинтересна? А вы любите кулинарные эксперименты и незнакомую еду?

3. Какие блюда русские любят больше всего? А какие любят в вашей стране?

4. Что нужно, по мнению ресторатора, чтобы сломать, изменить стереотипы в еде? А зачем менять традиции в еде?

5. Как экономическая ситуация в стране влияет на изменение стереотипов?

— Контракт вы выполнили.

— Мы оба его выполнили. ...Понимаете, все эти конкурсы, все эти гиды – это всё очень условно, это такая игра. Есть некоторое количество людей по всему миру, которые формируют общественное мнение. У этих людей есть определённое мнение о том, каким должен быть ресторан. Все люди делятся на новаторов, ранних **последователей**, последователей и опоздавших. Новаторы рискуют, но при этом, если получается, они собирают всё. Мы – ранние последователи новых мировых кулинарных трендов в России. И мы делаем так, чтобы мнение о шеф-поваре, который должен представлять нашу страну, было у потенциальных членов жюри вот таким. Я их просто анализирую, и мы сидим с Володей и обсуждаем стратегию. Что нам надо сделать лабораторию. И что нам надо сделать книгу. И книгу надо делать только в одном определённом издательстве. Потому что книга будет на английском языке и выйдет в издательстве, которое пишет о великих шеф-поварах. Мы с ним уже договорились, уже встречались, в очередь встали: оно делает две книжки в год. Это всё для меня какая-то игра тоже. Которая при этом **генерит** деньги. У меня раньше, до ресторанов, было много хобби. Я занимался яхтингом, альпинизмом, писал маслом, электронной музыкой увлекался, виниловых кукол собирал. Ну а сейчас у меня нет хобби, уже давно, лет пять, наверное. Потому что у меня рестораны – очень увлекательный и креативный бизнес.

— А Мухин, по-вашему, может стать новатором?

— Мухин – новатор.

— В России. А кто он в мире – ранний последователь?

— Нет, ранний последователь – это я. Просто я занимаюсь продюсированием талантливого шеф-повара.... А Володя – Володя талантливый, очень. Он реально мегаталантливый человек. А я просто занимаюсь тем, как сделать его более... Не знаю, как сказать... Нет, не талантливым, потому что человек или талантлив, или неталантлив. У него есть и среда, которая его воспитала как шеф-повара, – это его родители и поколения поваров в его семье. Но у него есть ещё то, чего у большинства молодых поваров нет. Они все **ремесленники**. Они все без образования в основном. **Таких людей**, которые, как Володя, Плехановский институт окончили, **единицы**. И у них (молодых поваров) нет понимания вкуса. Вот на одной лекции один великий шеф говорил: ребята, мир вокруг прекрасен, посмотрите на него, ходите в галереи, питайтесь энергией. Мы и ходим.

— **Последний вопрос – вы богатый человек? Можно разбогатеть на ресторанах?**

— Что значит разбогатеть? Счастье – это не то, чего нет, это то, что есть. И для каждого человека богатство – это...

— **Ну вот вы сами себя чувствуете богатым человеком?**

— Я богатый. Материально – это меня меньше всего интересует. Вы неправильно ставите вопрос. «Вы счастливый человек?» – вот правильный вопрос. Я счастливый человек. И внутренний мой мир – он богат. А про деньги – меня не интересуют какие-то мегавещи: яхты, все эти **бентли-шментли**. Мне это неинтересно. Мне интересно заниматься тем, что меня увлекает. Деньги – ну на жизнь хватает. На нормальную.

Новая русская кухня • 73

Путешествовать могу. Самое главное – расширять свой кругозор, развивать себя, а для этого первое, что надо делать, – путешествовать. Вот на это, самое главное, денег бы хватало – и семью содержать. А остальное... Отложенных **на чёрный день** миллиардов у меня нет.

Комментарии:

• **ремесленники** – люди, которые делают разные вещи на продажу по традиционным технологиям; здесь – люди, которые только повторяют то, что придумали другие

• **таких людей единицы** – таких людей очень мало

• **бентли-шментли** – название дорогой марки автомобиля во мн. ч. в паре с шуточной рифмовкой передаёт ироничное, сниженное отношение к дорогим игрушкам взрослых в целом

• **на чёрный день** – в расчёте на более трудные времена (что-либо беречь, хранить, оставить)

Вопросы:

1. Выполнили ли Зарьков и Мухин свой контракт?
2. Как Борис Зарьков относится к гидам и рейтингам?
3. На какие группы делятся люди, которые формируют вкусы в ресторанном бизнесе?
4. Есть русское выражение: «Кто не рискует, тот не пьёт шампанское». К какой группе оно относится?
5. Почему у Зарькова больше нет хобби?
6. К какой группе Зарьков относит себя, а к какой – Мухина?
7. Что важного, ценного для того, чтобы быть первым, Зарьков видит во Владимире Мухине и чего не видит у многих молодых шефов?
8. Что такое счастье для Бориса Зарькова? Что для него главное в жизни? Что ему интересно? Почему он успешен в глазах других и в своих глазах?

ВМЕСТО ЭПИЛОГА

Сегодня выросло новое поколение шеф-поваров, которые меняют отношение к русской кухне, делают её современной. Российские шеф-повара и рестораны, которые представляют современную русскую кухню, начали попадать в самые престижные рейтинги: The Worlds 50 Best Restaurants, The World's 120 Best Restaurants. В результате это стало влиять на шеф-поваров из регионов, они стали работать с местными продуктами, создавать местное меню, показывать свою уникальность.

Современные повара назвали основные признаки того, что повар занимается именно современной русской кухней. Они оказались не новы: местные продукты, сезонность, забытые или суперновые технологии. То, что крабы из Владивостока и руккола с пармезаном для Москвы — местный продукт, все уже знают. Повара не понимают странную привычку гостей круглый год заказывать в России помидоры, но что же делать, гости требуют — будем готовить. Конечно, в развитии новой русской кухни много барьеров. Удивительно, но на первом месте, по мнению ведущих шефов, не государство. Самое страшное — простая природная лень. Тот, кто хочет что-то сделать, ищет способы, кто не хочет — ищет причины; в целом вывод такой. Это подтверждают биографии всех великих шефов наших дней — все они стали знаменитыми поварами не благодаря, а вопреки ситуации. А что ещё мешает успеху?

Во-первых, профессиональное образование поваров в стране не самое лучшее. Профессию повара люди выбирают в 16 лет; вы уверены, что все они понимают, на что идут?

Во-вторых, путь шефа — это явно не для всех; большая часть поваров хочет не думать о высоком и сложном, а просто работать и получать зарплату. Но ситуация в ресторанном бизнесе такая, что в ней хорошо себя чувствуют только те, кто ненавидит зону комфорта: потенциальные звёзды и герои. Только линейного персонала всё равно не хватает.

О престиже профессии — это к рестораторам, к хозяевам бизнеса. Потому что престиж — это в первую очередь размер заработной платы. Пока линейный повар получает 30 (и даже 20) тысяч рублей за 15 двенадцатичасовых смен, нечего и мечтать о престиже профессии. Неплохо бы ввести в ресторанах и перерыв с 16 до 18 часов, чтобы работал только буфет, а повара отдыхали и готовились к вечерней работе.

Интерес публики — это уже посложнее. Потому что люди едят или то, что вкусно, или то, про что им красиво рассказали. Такова жизнь в двадцать первом веке. Поэтому надо учиться себя продавать, формировать бренд.

И наконец, какую кухню рекламировать? «Русскую», «российскую»? Иностранец даже не поймёт, о чём речь. Ну правда — «российская» звучит политически корректно, но при этом ничего не определяет. Например, пирожок эчпочмак — какое это блюдо? Любой татарин сразу ответит, что татарское. Но если кухня российская, то вроде и эчпочмак получается тоже наш общий? С другой стороны, вот шашлык. Его готовят летом по всей России, чуть ли ни в каждом дворе, и никому нет дела, что в этнографическом смысле это как бы не наша русская еда. Парадокс: когда мы говорим о своей кухне как о «русской», мы сами расширяем её рамки.

Итак, современная русская кухня — это вот что такое.

Прежде всего, это часть национального культурного кода. И только так её возможно определить. Мы одинаково понимаем слова **«котлета»**, **«шарлотка»** и **«сырник»**, и это понимание делает нас одним народом не меньше, чем наша великая литература. Если собрать вместе блюда, которые мы все понимаем одинаково, то получится некий базовый корпус русских гастрономических понятий.

Во-вторых, это традиции, которые мы переживаем не столько в словах, сколько в чувствах. Можно не быть православным, но нельзя не знать, что русские блюда бывают **постные** и **скоромные**. Можно не любить квас, но его вкус вы легко вспомните в самый неожиданный момент.

В-третьих, это история. Уникальные технологии и техники, которые нельзя заменить никакими другими, а также исторически достоверные рецепты. Например, все итальянцы знают, что паста карбонара со сливками — это нехорошо (хотя на вкус и вполне себе неплохо).

В-четвёртых, это местные продукты. Что такое местные, можно рассуждать и спорить. Баранина из Дагестана? Репа, которая выросла в Подмосковье, но из голландских семян?

В-пятых, это сезонность. С ней сложнее всего. Потому что, если понимать сезонность буквально, всю зиму нам придётся есть только квашеную капусту, картошку и изюм. Видимо, надо понимать её как-то шире...

Если говорить глобально, через еду меняется жизнь людей. Еда — часть нашей культуры, которую так высоко ценят в мире, и русская кухня должна ей соответствовать. Когда у твоей страны богатая история, удивительно красивая природа, разнообразные продукты, то нет никакого смысла оставаться страной-импортёром чужого гастрономического наследия, чужой кухни. Нам есть что показать, этим нужно пользоваться. Можно давать гостям попробовать и борщ, и пироги, и холодец, и другие блюда, которые есть в регионе, но всё должно быть приготовлено в современном виде: меньше жира, красивая подача, акцент на ингредиенты. Еда – это ещё одна форма диалога культур. Люди во всём мире готовы к такому диалогу.

Комментарии:

• **котлета** – в России это не только мясо на косточке, но чаще жареная лепешка из рубленого мяса; **шарлотка** – простой бисквитный торт с яблоками; **сырники** – жареные лепёшки из творога, яиц и муки

• **постные блюда** – блюда, которые можно есть во время православного поста; без животных продуктов (мяса, рыбы, сливочного масла, молока), только из растительных продуктов; **скоромные** – не постные.

Вопросы:

1. Найдите в тексте и подчеркните признаки новой русской кухни.

2. Какой барьер является в России самым страшным на пути к успеху шефов и рестораторов? А в вашей профессии? А для вас?

3. Какие пять других барьеров стоят на пути развития гастрономического дела?

4. Как еда меняет жизнь людей?

5. Вы согласны, что еда – часть национальной культуры? Докажите.

6. Почему люди импортируют чужую кухню? Хорошо это или плохо?

7. Что значит современная еда?

8. А вы ведёте диалог культур с помощью еды?

Использованные для адаптации источники

1. https://thecity.m24.ru/articles/1501
2. https://instyle.ru/lifestyle/food/russkaya-kukhnya/
3. https://blognovichok.ru/lichnaya-zhizn-ili-lazerson-biografiya-foto
4. https://www.oper.ru/video/view.php?t=3255
5. https://basetop.ru/samye-bogatye-shef-povara-v-mire/
6. WWW.RYAZAN.KP.RU: https://www.ryazan.kp.ru/daily/27023/4086914/
7. https://kulturologia.ru/blogs/141020/47850/
8. https://zen.yandex.ru/media/smapse_travel/mishlenovskie-9-zvezdy--istoriia-poiavleniia-i-luchshie-restorany-v-reitinge-601be9ccd496d26713d5bac2
9. https://eda.ru/media/kredo/boris-zarkov
10. https://style.rbc.ru/impressions/5c7e3b0f9a7947d0843ef19b
11. https://www.forbes.ru/forbeslife/381703-professiya-povara-samaya-nedoocenennaya-v-rossii-vladimir-muhin-o-tom-pochemu

Использованные изображения

1. https://storage.myseldon.com/news_pict_D8/D83C963704EC1F580BBCFCA867EA233C
2. https://www.rullko.de/wp-content/uploads/2016/04/Fotolia_34636899_Subscription_XXL-neu.jpg
3. https://s3-eu-west-1.amazonaws.com/wbm.thumbnail/all/152409_640.jpg
4. https://www.ccbh.net/wp-content/uploads/2019/12/bigstock-Young-Chef-Working-On-The-New-243731350.jpg
5. https://w7.pngwing.com/pngs/453/123/png-transparent-biryani-french-fries-dish-meat-frame-s-food-recipe-cuisine.png
6. https://w7.pngwing.com/pngs/460/34/png-transparent-pancake-pancake-breakfast-pancake-breakfast-bacon-breakfast-food-honey-bread-honey-bee-food-breakfast.png
7. https://cdn5.vectorstock.com/i/1000x1000/63/69/borscht-with-sour-cream-vector-11536369.jpg
8. https://cdn2.vectorstock.com/i/1000x1000/34/96/dinner-plate-with-soup-vector-1163496.jpg
9. https://cdn4.vectorstock.com/i/1000x1000/62/58/buckwheat-porridge-with-butter-vector-11536258.jpg
10. https://i.pinimg.com/originals/67/b7/74/67b774856861fbdb4a26f5d43400c01e.png
11. https://cdn4.vectorstock.com/i/1000x1000/12/63/hot-grilled-kebab-vector-15531263.jpg
12. https://slivkisineta.ru/borshh-klassicheskij/

13. https://ecoradius.ru/kartinki-krasivoe_59.php
14. https://m.123ru.net/mix/251916776/
15. https://msk.allcafe.ru/catalog/carskaya-ohota-8760/
16. https://cont.ws/uploads/pic/2018/12/1-8%20%281%29.jpg
17. https://www.tveda.ru/journal/news/premera-bratya-po-sakharu/
18. https://swjournal.ru/wp-content/uploads/2016/05/Europe-Restaurant.jpg
19. https://cdn.tveda.ru/thumbs/ca4/ca4fded9a328e8a87e93e22bd3efd459/5c48ceee7515da6e99b15f82b71f12cb.jpg
20. https://fi.pinterest.com/pin/517562182156496287/
21. https://www.ozon.ru/product/kgb-ili-kak-gotovili-babushki-sekrety-firmennyh-blyud-retsepty-prazdnichnye-i-povsednevnye-138514966/
22. https://www.ozon.ru/product/fsb-ili-firmennye-sekrety-babushek-retsepty-lyubimye-s-detstva-lazerson-ilya-isaakovich-spichka-229340085/?_bctx=CAUQrIoW&asb2=ouNDLZXW7yBRGOuKt-to-p0jigJoqHekt97ewCoqTrJ92L433uNnuoWMqt1OAVHu
23. https://i.ytimg.com/vi/cwTGPKILoKA/maxresdefault.jpg
24. https://st.depositphotos.com/2818715/3413/i/950/depositphotos_34137167-stock-photo-grandmother-teaching-young-boy-to.jpg
25. https://zen.yandex.ru/media/4health/sistema-dieticheskogo-pitaniia-na-osnove-raciona-doistoricheskih-predkov-cheloveka-5b82b058efeafd00a95b3c16
26. https://www.noaccent.ru/page2900768.html
27. https://www.cheatsheet.com/wp-content/uploads/2017/11/mastering-the-art-of-french-cooking.jpg
28. https://eksmo.ru/book/bon-app-tit-osnovy-klassicheskoy-frantsuzskoy-kukhni-ITD167297/
29. https://www.youtube.com/watch?v=DXKbqIx1rzA
30. https://flot2017.com/wp-content/uploads/2020/08/5e03517382682c6f2d8af82e-scaled.jpg
31. https://buckeyedumpsterrentals.com/wp-content/uploads/2017/03/blog-post-7.jpg
32. https://nashe-schastye.ru/img/q1-8_worker_m2.jpg
33. https://avatars.mds.yandex.net/get-zen_doc/1222191/pub_5d0750b12189030db3bcf66c_5d0751787e14230d91969d8e/scale_1200
34. https://zen.yandex.ru/media/kulinarnie_zapisky/neveroiatnye-fakty-o-kartoshke-vsia-pravda-o-krahmale-5be28126622bb100aa6e61a1
35. https://mypresswire.com/log/pressroom_images/thumb_image_25193.jpg
36. https://www.megaobrazovanie.ru/wp-content/uploads/2017/03/universitet-povarov-konditerov-v-pitere_1.jpg

37. https://s.fishki.net/upload/users/2021/03/13/1022788/3b0f2b68a6bff1536c921fa9188564c9.jpg
38. https://www.pastebangkok.com/blog/wp-content/uploads/2019/12/michelin2020.png
39. https://agrotv.md/wp-content/uploads/2021/07/piata-3-scaled.jpg
40. https://daugvisko.eu/wp-content/uploads/2021/05/ivaizdine.jpg
41. http://nijolevelickiene.blogas.lt/files/2010/04/71.jpg
42. https://eksmo.ru/book/rossiya-gotovit-doma-ITD213428/
43. http://img.yakaboo.ua/media/catalog/product/2/8/286251_56956902.jpg
44. https://zen.yandex.ru/media/id/5afd37eff0317366efd11046/esenin-i-konstantin-ivlev-5b63482ddf147400a87d8ed7
45. https://www.edim.tv/img/small/isaev.jpg
46. https://mykaleidoscope.ru/kuxnya/6424-deserty-molekuljarnoj-kuhni-44-foto.html
47. https://zen.yandex.ru/media/id/5f29683b1b884e440d1df581/ot-restorana-do-domashnei-kuhni-kratkaia-istoriia-suvid-5f5b83174c4030243813fefe
48. https://ooopht.ru/shokovaya-zamorozka.html
49. https://www.dolina-podarkov.ru/UserFiles/Image/Image/img4473_10522_big.jpg
50. https://cdn.friday.ru/Show/SourceBigPreview/swlwetwmkckp.jpeg
51. https://i2.wp.com/kritikoff.ru/wp-content/uploads/2018/08/Сырники.jpg?w=1540&ssl=1
52. https://img4.goodfon.ru/original/1920x1200/1/41/kasha-grechka-tosty-sosiski-kolbasa.jpg
53. https://dela-ruk.ru/wp-content/uploads/2020/02/z-11.jpg
54. https://www.maximonline.ru/guide/promo/_article/na-pyatnicze-otkryvaetsya-adskaya-kuxnya/
55. https://champ-magazine.com/wp-content/uploads/2017/11/wr_DSC7493-1-1280x0-c-default.jpg
56. http://estetmag.ru/wp-content/uploads/2017/04/moskovskij-restoran-white-rabbit-snova-v-rejtinge-the-world-s-50-best-restaurants.jpg
57. https://whiterabbitmoscow.ru/ru/galereya/restoran-blyuda
58. https://boscofamily.ru/upload/iblock/778/20171123_214255_alm_0913_16.jpg
59. https://culturavrn.ru/datas/users/fridmax_1.jpg
60. https://cdn.forbes.ru/files/dl1eo35q.jpg__1565614961__25575.jpg
61. https://a.d-cd.net/SIAAAgGqduA-1920.jpg
62. https://menu-restorana.ru/wp-content/uploads/2020/02/common-7806.jpeg

63. https://trendymen.ru/lifestyle/weekend/123530
64. https://sparklespotlight.ru/2018/03/new_places_001/
65. https://www.moscow-restaurants.ru/netcat_files/multifile/2734/40/IMG_6699.jpeg
66. https://i.timeout.ru/pix/505019.jpeg
67. https://staff-online.ru/wp-content/uploads/2021/01/chefs-table.jpg
68. https://zen.yandex.ru/media/ruskontur/gusli-russkii-narodnyi-instrument-5fb485aaf6872f437ed57acb
69. https://www.moscow-restaurants.ru/mr/instagram/whiterabbitmoscow/2097316584875090734.jpg
70. https://peopletalk.ru/wp-content/uploads/2016/10/1475823097-683x1024.jpg
71. https://www.thevanderlust.com/local/images/vanderlust/whiterabbit_3_jpg_1427231254.jpg
72. https://www.thevanderlust.com/local/images/vanderlust/whiterabbit_2_jpg_1427231254.jpg
73. https://www.ok-magazine.ru/files/media_wysiwyg/180331_ka_vm4547.jpg
74. https://i.timeout.ru/pix/482243.jpeg
75. https://pbs.twimg.com/media/Evdvj1eXcAEMYeF.jpg:large
76. https://pbs.twimg.com/media/EMzR26oWoAEGKXm.jpg:large
77. https://condenast-media.gcdn.co/tatler/4d8039089f793377f3c464ffe5b81201.jpg/d1695ed9/o/t3400x2267
78. https://s1.eda.ru/StaticContent/Photos/150525210126/150601194604/p_O.jpg
79. http://rest-space.ru/upload/iblock/5de/5de8dcaa52f7640c3a6946343d92be70.jpg
80. http://muz4in.net/news/restoran_v_kotorym_tebe_ne_otuzhinat_restoran_pushkin_moskva_28_foto/2015-09-25-39256
81. https://posta-magazine.ru/wp-content/uploads/old/images/stories/flexicontent/003_WhiteRabbit_Posta_da_VIP.jpg
82. https://posta-magazine.ru/wp-content/uploads/old/images/stories/flexicontent/006_WhiteRabbit_Posta_da_VIP.jpg
83. https://posta-magazine.ru/wp-content/uploads/old/images/stories/flexicontent/007_WhiteRabbit_Posta_da_VIP.jpg
84. https://img5.goodfon.ru/wallpaper/nbig/5/12/tarelka-kotlety-petrushka-pomidory-vilka-nozh.jpg
85. http://fadzholi.ru/d/img_4462.jpg
86. https://www.mercurynews.com/wp-content/uploads/2016/11/cct-crabwine-1110-01.jpg
87. https://sparklespotlight.ru/wp-content/uploads/2018/07/GRB_197.jpg
88. https://www.blackpantera.ru/articles/wp-content/uploads/2020/12/dddzojovmain97-.jpg-large.jpg

СОДЕРЖАНИЕ

Кто такой шеф-повар? ... 4

Когда появилась современная русская кухня? ... 7

Илья Лазерсон ... 11

Константин Ивлев ... 22

Владимир Мухин ... 42

Борис Зарьков ... 58

Вместо эпилога ... 75

Использованные для адаптации источники ... 79

Использованные изображения ... 79

ВЫ МОЖЕТЕ ПРИОБРЕСТИ ЭЛЕКТРОННЫЕ ВЕРСИИ НАШИХ КНИГ В ИНТЕРНЕТ-МАГАЗИНАХ И В ЭЛЕКТРОННЫХ БИБЛИОТЕКАХ:

Платформа электронных учебников «Златоуст»: http://rki.zlat.spb.ru
«ЛитРес»: http://www.litres.ru/zlatoust
IPR MEDIA: https://www.ros-edu.ru
«Айбукс»: http://ibooks.ru
«Инфра-М»: http://znanium.com
«Интеракт»: LearnRussian.com, amazon.com, book.megacom.kz, book.beeline.am, book.beeline.kz
РА «Директ-Медиа»: http://www.directmedia.ru
Amazon: www.amazon.com
ООО «ЛАНЬ-Трейд»: http://e.lanbook.com, http://globalf5.com
ОАО ЦКБ «БИБКОМ»: www.ckbib.ru/publishers

Форматы:
Для ридеров: fb2, ePub, ios.ePub, pdf A6, mobi (Kindle), lrf
Для компьютера: txt.zip, rtf, pdf A4, html.zip,
Для телефона: txt, java

КНИЖНЫЕ ИНТЕРНЕТ-МАГАЗИНЫ:

«Златоуст»: https://zlatoust.store/
Тел.: +7 (812) 703-11-78
Часы работы офиса: понедельник — пятница: с 10:00 до 19:00.
OZON.RU: http://www.ozon.ru
«Читай-Город»: www.chitai-gorod.ru
«Wildberries»: www.wildberries.ru
Интернет-магазин Books.ru: http://www.books.ru; e-mail: help@books.ru
Тел.: Москва +7(495) 638-53-05, Санкт-Петербург +7 (812) 380-50-06
BookStreet: http://www.bookstreet.ru
Тел.: +7 (812) 326-01-27, 326-01-28,
Санкт-Петербург. В.О. Средний проспект, д. 4, здание института «Гипроцемент».
Часы работы офиса: понедельник — пятница: с 9:00 до 18:30.